Robert Bohn

GOTLAND

REISE HANDBUCH

Gotland

© Copyright Conrad Stein Verlag, Kronshagen   5. überarbeitete Auflage, 1997

Dieses ReiseHandbuch wurde konzipiert und redaktionell erstellt vom
Conrad Stein Verlag, Eichkoppelweg 51, 24119 Kronshagen,
☎ 0431/545-8888, FAX 0431/545-8800, ✍ e-mail: SteinVerlag@t-online.de,
🖥 internet: http://home.t-online.de/home/SteinVerlag,
für die ReiseHandbuch Stein KG, Kronshagen.

Auslieferung für den Buchhandel: Ⓓ Rotation, Berlin, und alle Barsortimente,
ⒸⒽ AVA-buch 2000, Affoltern, Ⓐ Freytag & Berndt, Wien

Alle Rechte vorbehalten, insbesondere die des Nachdrucks, der Übersetzung, der Entnahme von Abbildungen, Karten, Plänen, Symbolen, der Wiedergabe auf fotomechanischem Wege (z.B. Fotokopie) sowie der Verwertung auf Datenträgern - auch auszugsweise - nur mit schriftlicher Genehmigung des Verlages. Alle Informationen, schriftlich und zeichnerisch, wurden nach bestem Wissen zusammengestellt und waren korrekt zum Zeitpunkt der Recherche.

Eine Garantie für den Inhalt, z.B. die Richtigkeit von Preisen, Adressen, Telefon/Faxnummern, Zeit- und sonstigen Angaben, kann naturgemäß von Verlag und Autor im Sinne der Produkthaftung nicht übernommen werden.

Der Autor ist für Lesertips und Verbesserungen unter Angabe der Auflagen- und Seitennummer dankbar. Leser, deren Einsendung verwertet wird, werden in der nächsten Ausgabe genannt und erhalten als Dank ein Exemplar der neuen Auflage oder ein anderes Buch ihrer Wahl aus dem Programm des Verlags.

Text und Fotos	Robert Bohn
Lektorat	Maike Barth
Karten und Pläne	Carsten Tolkmit
Druck	Druckwerk Norderstedt

Das Titelfoto zeigt die Hafeneinfahrt von Visby.

Robert Bohn ist außerdem Herausgeber des Buches *Die Kirchen Gotlands*, das ebenfalls im Conrad Stein Verlag erschienen ist.

Dieses ReiseHandbuch hat 184 Seiten mit 15 farbigen und 5 schwarzweißen Abbildungen, 10 Karten und Plänen sowie einer farbigen Übersichtskarte. Es wurde auf chlorfrei gebleichtem Papier gedruckt.

ISBN 3-89392-250-4   002480

Inhalt

3

Symbole

- 🖐 Achtung
- 🎣 Angelmöglichkeit
- ♃ Apotheke
- 🚗 Auto, Taxi
- 🏊 Bademöglichkeit, Schwimmhalle
- 🐬 Bahnverbindung
- ⛵ Bootsverleih, Gasthafen
- 📖 Buchtip
- 🚌 Bus
- ☕ Café
- ⛺ Campingplatz
- ⛴ Fährverbindung
- 🚲 Fahrradverleih, -route
- ✈ Flugplatz, Flugverbindung
- 🛏 Hotel, Pension
- ℹ Information
- 🏠 Jugendherberge
- 🏪 Kiosk, Lebensmittel
- ✝ Kirche
- ✛ Krankenhaus
- ⛳ Minigolf
- ⌘ Museum
- ❀ Naturschutzgebiet
- 🕐 Öffnungszeiten, "geöffnet"
- 🅿 Parkplatz
- ✩ Polizei
- ✉ Post
- ✗ Restaurant, Imbiß
- 👉 "siehe unter"
- 🎾 Squash, Tennis
- 🛒 Supermarkt, Einkaufszentrum
- 🏄 Surfen
- 🤿 Tauchen
- ① Telefon
- ☎ Telefonnummer
- ☺ Tip
- 🚐 Wohnmobilstellplatz

Vorwort

Die Insel Gotland, fast in der Mitte der Ostsee gelegen, ist eines der interessantesten Reiseziele in Nordeuropa. Rund 70 km vom schwedischen Festland entfernt, ist die Insel doch recht verschieden vom übrigen Schweden und auch sonst einzigartig im gesamten Ostseeraum.

Das Klima erinnert während der kurzen, heißen Sommermonate eher an mediterrane Landschaften als an eine nordeuropäische Insel, die auf beinahe den gleichen Breitengraden liegt wie Labrador. Gotland wird daher auch Sonneninsel genannt. Dem Reisenden wird diese Benennung schon bei seiner Ankunft in Visby, der Stadt der Rosen und Ruinen, beim Anblick der Blütenpracht verständlich. Auf der Insel gedeihen Kastanien, Walnußbäume und Maulbeeren, an einigen Stellen sogar Pfirsiche und Weintrauben.

Auch landschaftlich gleicht Gotland keiner anderen Region des Ostseeraumes. Die Insel kann man mit einer riesigen Kalksteinplatte vergleichen, die von Westen nach Osten zu geneigt im Meer liegt (zu den naturgeographischen Besonderheiten ☞ Land und Leute: Die gotländische Landschaft).

Kulturgeschichtlich ist Gotland außerordentlich interessant. Es finden sich hier Überreste menschlichen Lebens seit der Zeit vor über 7.000 Jahren. Einen überaus dominanten Komplex kulturgeschichtlicher Sehenswürdigkeiten stellen die über 90 erhaltenen mittelalterlichen Landkirchen dar, von denen einige in einem eigenen Kapitel vorgestellt werden.

Gotland hat aber auch einen hohen Freizeitwert: Wassersport, Wandern und vor allem Radfahren sind Aktivitäten, die hier ideal ausgeübt werden können. Hierzu gibt es in diesem Buch nützliche Tips, Erläuterungen und Vorschläge. In dem Kapitel "Reise-Infos von A bis Z" stehen vielerlei praktische Hinweise, die den Aufenthalt erleichtern.

Die vorliegende fünfte Auflage wurde vollständig überarbeitet und aktualisiert.

Robert Bohn   Kiel, im Januar 1997

☺ Aktualisierungen zu diesem ReiseHandbuch und anderen Büchern finden Sie in der Homepage des Conrad Stein Verlags im Internet:
🖳 http://home.t-online.de/home/SteinVerlag

Land und Leute

Die Insel Gotland ist rund 130 km lang. Ihre maximale Breite von 50 km ungefähr in der Inselmitte zwischen Västergarn an der Westküste und Östergarn an der Ostküste schrumpft nach Norden hin bis auf etwa 10 km zwischen der Bucht von Kappelshamn (Kappelshamnsviken) und der von Vägume (Vägumeviken) nördlich von Slite zusammen, nach Süden gar auf nur 3 km zwischen Burgsvik und der östlichen Inselseite. Die Hauptinsel setzt sich im Norden in der Insel **Fårö** fort.

Von der Nordspitze Fårös bis zur Südspitze Gotlands bei Hoburgen beträgt die Entfernung rund 145 km. Das Landareal der Insel bedeckt insgesamt eine Fläche von 3.140 km², die durchschnittliche Höhe über dem Meeresspiegel beträgt 25 m, wobei sich die höchste Stelle der Insel auf der Lojsta-Hejde (Lojstaheide, ca. 2 km nordwestlich vom Ort ☞ Lojsta) mit 81 m befindet. Ende des Jahres 1982 hatte Gotland 55.897 Einwohner, von denen allein rund die Hälfte in Visby und unmittelbarer Umgebung lebten.

Nördlich von Fårö liegt in einer Entfernung von 40 km die schwer zu-gängliche Insel **Gotska Sandön**. An der Westküste Gotlands liegen zwei weitere interessante Inseln: **Stora Karlsö** und **Lilla Karlsö** (Große und Kleine Karlsinsel). Sie sind zwei Gipfel auf einem südwestwärts gerich-teten Schelf, der sich allmählich bis zu einer Wassertiefe von 40 m absenkt, um dann abrupt mit einer Steilstufe zu den größeren Tiefen (ca. 100 bis 120 m) des submarinen, nord-südlich ausgerichteten Tal-zuges zwischen Gotland und Öland abzufallen.

Die beiden Inseln bestehen - wie die Hauptinsel Gotland auch - vor-wiegend aus Kalk und sind wegen ihres **Vogelreichtums** bekannt. Hier brüten an den Felsvorsprüngen und -nischen der 50 bis 60 m steil aus dem Meer aufragenden Inselklippen Tausende der schwarzweiß gefieder-ten Alken, die trotz des Vorkommens anderer, zum Teil seltener Meeres-vogelarten die Fauna deutlich dominieren. Auf den Kalkböden der beiden Inseln gedeihen, ähnlich wie auch auf der Hauptinsel, seltene Pflanzen.

✋ Die beiden Inseln sind **Naturschutzgebiete** und dürfen nur mit besonderer Erlaubnis oder im Rahmen von organisierten Führungen betreten werden.

Bei der Betrachtung der Landoberfläche Gotlands fällt eine gewisse Gliederung auf. Von Norden nach Süden lassen sich mehr oder weniger deutlich fünf Zonen unterscheiden. Drei von ihnen werden vorwiegend von Wald, Heide und Mooren bedeckt, während die beiden anderen ertragreiches Ackerareal sind. Die Ursachen dieser Gliederung liegen vor allem in der Boden- und Gesteinsbeschaffenheit.

Die drei großen **Wald- und Heidegürtel** (der Süden der Insel; das Gebiet zwischen Klintehamn im Westen, Östergarn im Osten, Roma im Norden und Hemse im Süden; schließlich das Gebiet von Visby Richtung Nordosten bis Fårösund) liegen vorwiegend auf Kalksteinboden. Es sind in der Regel die höher gelegenen Inselteile. Der Wald ist vielfach Nadelwald, ab und zu mit lichten Kiefer-Wacholder-Heiden durchsetzt. In seinen feuchteren Geländemulden sind allerdings auch schöne Laubbaumbestände (vor allem Eichen und Linden) anzutreffen.

Besonders eindrucksvoll sind die erhaltenen Waldwiesen mit ihrer **Orchideenpracht**, die vor allem zur Blütezeit im späten Frühjahr (Ende Mai, Juni) einen unvergeßlichen Anblick bieten. Durch das besondere Klima und die Bodenbeschaffenheit bedingt, wachsen auf der Insel rund drei Dutzend (!) verschiedene Orchideenarten, was auf diesen geographischen Breitengraden an keinem anderen Ort der Erde vorkommt.

Die Waldbestände, vor allem aber der Anteil des Laubholzes, waren in früherer Zeit bedeutend größer. Rodungen, Trockenlegung von Feuchtgebieten zur Gewinnung von Ackerland, in großem Maße aber auch der ungeregelte Holzeinschlag vom 18. bis Mitte des 19. Jahrhunderts haben zur Verkleinerung der ursprünglichen Waldflächen stark beigetragen. Zum einen wurde in jener Zeit sehr viel bearbeitetes Holz in Form von Planken, Masten und Brettern exportiert oder für den heimischen Schiffsbau verwendet, zum anderen wurden enorme Mengen in den für die Wirtschaft der Insel wichtigen Kalköfen verfeuert. Auch heute noch ist die Holzwirtschaft ein wichtiger Wirtschaftsfaktor der Insel.

In der Insellandschaft fallen die vielen **weißgekalkten Steinhäuser** ins Auge, die den Eindruck vermitteln, als stammten sie aus Urzeiten. Einige tun dies wirklich, doch setzte sich diese Art des Häuserbaus auf dem Lande erst im Laufe der zweiten Hälfte des 18. Jahrhunderts allgemein durch. Um den Schutz vor Bränden, die immer wieder großen volkswirtschaftlichen Schaden anrichteten, zu verbessern, gewährte damals die schwedische Regierung denjenigen Einwohnern des Reiches Steuervergünstigungen, die ihre Häuser aus Stein bauten.

Typisch für die gotländischen Steinhäuser sind neben dem weißen Putz die spitzen Giebel sowie die Dachabdeckung mit Fliesen, Ziegeln oder schwarzgeteerten Brettern.

Der Boden der beiden größeren **Ackerbaugebiete** nördlich und südlich der mittleren Waldzone setzt sich hauptsächlich aus mergeligem und tonigem Kalkstein mit einer glazialen Moränendecke zusammen. Dieser Boden, besonders das nördliche Ackerbaugebiet mit seinem ökonomischen Zentrum Roma, ist ungemein fruchtbar und wird landwirtschaftlich intensiv genutzt. Diese Gebiete liegen in den tieferen Teilen der Insel und sind dichter besiedelt.

Von der erwerbstätigen Bevölkerung sind rund 18% (das sind 4.500 Personen) in der Land- und Forstwirtschaft tätig. Dieser Anteil wird von keiner anderen schwedischen Provinz erreicht. Größer noch ist der Anteil der in der öffentlichen Verwaltung Beschäftigten, nämlich 36% oder 9.100 Personen. Der Rest verteilt sich auf Industrie (15%), Handel (12%), Baugewerbe (8%) und Dienstleistungen.

Geologischer Rückblick

Im Boden Gotlands findet man Ablagerungen aus verschiedenen erdgeschichtlichen Entwicklungsstufen: Kambrium, Ordovicium und Silur, insgesamt ein Zeitraum von mehreren 100 Mio Jahren. Die oberste Schicht des Inselbodens wurde in der Silurzeit, d.h. vor rund 400 Mio Jahren, gebildet. In jener Zeit war das Klima weitaus milder als heute. Im Meer gab es eine artenreiche Fauna: Korallen, Armfüßler, Trilobiten, Weichtiere, Stachelhäuter usw.

Die Meeresflora war im Silur sehr artenarm und bestand im wesentlichen aus Algen. Erst in der nachfolgenden Entwicklungsperiode begannen sich die Pflanzen stärker auszubilden. Viele der Organismen, die im tropisch warmen Silurmeer lebten, sind mittlerweile ausgestorben, doch ihre Versteinerungen sind im gotländischen Kalkstein in ungewöhnlich reichem Ausmaß anzutreffen.

Während eines sehr langen Zeitraumes, ungefähr 50.000 Jahre, lag Gotland unter einer dicken Eisdecke, um dann nach dem Ende der baltischen Eiszeit (ca. 8000 v.Chr.) allmählich wieder aus dem Meer aufzusteigen. Dieser Hebungsprozeß ist heute zwar noch nicht beendet, hat sich aber sehr verlangsamt. Sehr gut nachzuvollziehen ist dies in Visby selbst. Der heutige Stadtpark, *Almedalen*, war noch zur Hansezeit, also im späten Mittelalter, der Hafen der Stadt, und die Strandmauer lag direkt am Wasser. Sicherlich ist das Zustandekommen von *Almedalen* nicht allein auf die Landhebung zurückzuführen, sondern auch auf Aufschüttungen, doch war sie zumindest der Grund, den Hafen schließlich aufzugeben, um ihn nicht immer wieder ausbaggern zu müssen.

Die Besiedlung Gotlands begann erst vor etwa 7.000 Jahren. Die damaligen Menschen lebten von der Jagd und vom Fischfang. Sie bildeten Siedlungsverbände an den Binnenseen und Wasserläufen, die es damals auf der Insel in reicher Anzahl gab. Auch war das Klima in jener Zeit sehr viel milder als heute. Im Historischen Museum Visbys ist ein 7.000 Jahre altes Grab mit Skelett zu besichtigen.

Erst im zweiten Jahrtausend v.Chr. nahm Gotland die heutige Gestalt an, ausgenommen die östlichsten und südlichsten Inselteile, die seinerzeit noch unter Wasser lagen, sowie der Norden der Insel, wo die Buchten von Kappelshamn und Vägume durch einen schmalen Sund miteinander verbunden waren.

Das Sammeln von Versteinerungen im gotländischen Kalkstein ist sehr beliebt. Dabei darf der Fels jedoch nicht mit Hämmern oder sonstigen Gegenständen bearbeitet werden. Nur das bereits lose herumliegende Gestein darf nach Fossilien untersucht werden. Insbesondere die *Raukargebiete* (s.u.) unterliegen einem strengen Schutz!

Die Küste

Die gotländische Küste ist sehr abwechslungsreich und erstreckt sich (einschließlich der für den Individualreisenden gesperrten Gebiete von Gotska Sandön) über rund 650 km, was ungefähr der Strecke von Stockholm nach Malmö entspricht.

Die **Westküste** ist vor allem durch die steil abfallenden, weißen **Kalkklippen** *(Klint)* und den vorgelagerten, schmalen Küstensaum aus Steinfeldern, Strandwiesen und Sanddünen geprägt. Sie wird in ihrem nordwestlichen und in ihrem südlichsten Teil zusätzlich durch die pittoresken **Raukargebiete** in ihrem schroffen Charakter verstärkt. Es gibt hier keine vorgelagerten Schären oder Holmen wie auf der Ostseite. Von Högklint bis Hallshuk im Norden gibt es kaum Buchten, sondern lediglich eine leicht geschwungene Uferlinie.

Südlich von Högklint gestaltet sich die Westküste allmählich weniger dramatisch. Hier gehen die Ufer oftmals stark zurück, und in den kleinen Buchten, in die mitunter einer der wenigen Bäche aus dem Inselinnern mündet, findet man Dünen aus hellem, feinem Sand. Diese Formation reicht bis zu der großen Einbuchtung von Burgsvik. Bei Tofta befindet sich der größte zusammenhängende **Sandstrand** der Insel überhaupt.

Ganz im Süden ist die Westküste von einer kaum noch zu über-
bietenden Dramatik: steil abfallender, schroffer und zerklüfteter Kalkfels
und ins Meer hinausragende **raukar** (☞ Glossar: Fachbegriffe). Sie
stehen an manchen Stellen nicht nur im Strandbereich, sondern auch
einige hundert Meter landeinwärts. Sie wurden vor Jahrtausenden
geformt und seitdem von Wind und Wetter zernagt, durchlöchert und
ausgehöhlt. Es handelt sich um Überreste der Küstenlinien ehemaliger
Entwicklungsstadien der Ostsee, die im Brandungsbereich als Riffe erhalten geblieben sind.

Heute stehen sie allein oder in Gruppen und bieten durch ihre oft
skurrilen Ausformungen, die an Menschen- oder Tiergestalten, nicht selten an Fabelwesen erinnern, vielerlei Anregungen für die Phantasie des
Betrachters. Dort, wo sie landeinwärts stehen, zeigen sie dem geologisch
Interessierten überdies an, wo einst die Küstenlinie verlief.

Von der Arbeit des Meeres künden auch die mancherorts steil in die
See abfallenden **Kalkklippen**. **Högklint** südlich von Visby zeigt dies auf
besonders eindrucksvolle Weise. Dieser in mehreren Terrassen, die viele
dereinst von der See ausgespülte Höhlen und Nischen aufweisen, über-
stehende Klintabbruch ragt imposant rund 50 m über dem Wasserspiegel
auf und bietet von seiner Spitze aus einen großartigen Ausblick nach
Süden auf die Ostsee und die Küstenlinie und nach Norden auf die Stadt
Visby. Dieser Küstenabschnitt ist besonders eindrucksvoll am späten
Nachmittag - bzw. während der Sommermonate am frühen Abend - wenn
die sinkende Sonne die Szenerie besonders prägnant ausleuchtet.

Högklint erreicht man, wenn man kurz hinter Visby von der Straße
140 in den entsprechend ausgeschilderten Weg nach rechts einbiegt.
Dieser führt auf einer schmalen und kurvenreichen Straße, die aber
immer nach Högklint ausgeschildert ist, nach ca. 3 km zu einem Parkplatz am Rande des **Naturschutzgebietes Högklint**.

Eine der größeren Grotten am Klippenhang wird **Räuber-Liljas-
Höhle** (**Rövar Liljas håla**) genannt, da sie einst gelegentlicher Zufluchtsort des Räubers Jonas Nilsson Lilja aus Småland gewesen ist.
Dieser wurde 1710 geboren und machte sich schon in jungen Jahren als
Gesetzesbrecher bekannt. Von der Exekutive verfolgt, flüchtete er auf
die Insel, wo er sich als gemeiner Soldat vom gotländischen Artille-
riebataillon, das damals kaum Rekruten gewinnen konnte, anwerben ließ.
Es dauerte aber nicht lange, bis er wieder mit dem Gesetz in Konflikt
geriet und 1754 zum Tode durch Hängen verurteilt wurde. Seine Strafe
wurde jedoch in lebenslängliche Haft umgewandelt. Er starb schließlich

an Skorbut in der Festung Carlsten in Marstrand. Die Erinnerung an ihn ist aber weiterhin mit dieser Klippenpartie verbunden.

☺ Außerhalb des Naturschutzgebietes befindet sich eine recht große Anzahl verstreut im Wald liegender Sommerhäuser.

Vergleicht man die Westküste mit der **Ostküste**, so erkennt man einen deutlich anderen Charakter. Im Profil betrachtet, scheint die Insel von Westen nach Osten umgekippt zu sein. Die Ostküste ist flach, buchtenreich und mit vielen kleineren Häfen und ausgedehnten Sandstränden versehen, die sich gewöhnlich dort gebildet haben, wo mehr oder weniger große Bäche ihre feinkörnigen Sedimente abgelagert haben.

Kleinere Nehrungen und Lagunen sind allenthalben anzutreffen, wie etwa Bogeviken (unmittelbar südlich von Slite) und besonders Tjäldervik (ca. 10 km südlich von Slite). Hier mündet der längste Wasserlauf Gotlands, Gothemsån. Man findet hier sehr schöne **Bademöglichkeiten** an einem meist flachen Sandstrand. Oft reichen Wälder und Wiesen bis direkt an das Wasser. Auch die Ostküste besitzt viele schöne Raukargebiete, die hier allerdings durch den Kontrast zu der sanften Landschaft weit besser zur Geltung kommen als an der Westküste, wo sie einer schon dramatischen Küstenformation "nur" eine letzte Ausprägung geben.

Die gotländische Natur

Nicht ohne Grund wird Gotland als ein Eldorado für botanisch und geologisch Interessierte bezeichnet. Man findet auf der Insel eine ganze Anzahl von Pflanzen, die an anderen Orten auf demselben Breitengrad nicht oder nur sehr selten vorkommen. Der Grund hierfür sind besondere Umweltbedingungen, die auf der Insel herrschen: der überaus kalkhaltige Boden und das in der Regel trockene und sonnige Klima. Der hohe Kalkgehalt des Bodens führt zu einem sehr niedrigen Säuregrad. Als Folge davon werden solche Pflanzen begünstigt, die diese Böden bevorzugen, während andererseits säureliebende Pflanzen nicht gedeihen. Zudem ist diese Bodenformation ein guter Wasserspeicher.

In diesem Zusammenhang müssen vor allem die **Orchideen** genannt werden. Von den rund 40 Arten, die in Skandinavien vorkommen, finden sich allein über drei Dutzend auf Gotland. Dies ist zwar nur ein Bruchteil aller ca. 20.000 Orchideenarten, die auf der Erde wachsen, aber selbst diese drei Dutzend gotländischen Orchideenarten variieren in ihrem

Aussehen stark. Einige sind sehr selten, und man findet sie nur an wenigen Stellen, während andere Arten wiederum in Massen vorkommen und ganze Orchideenwiesen bilden.

Die Blütezeiten sind verschieden, die frühesten blühen bereits im Mai, wie z.B. *Sankt Persnyckel* und *Adam und Eva*. Die Blütezeit der meisten anderen fällt in den Juni, einige wenige blühen sogar noch später im Jahr.

✋   Alle Orchideen stehen unter Naturschutz!

Die vorherrschende Bodenform der Insel ist, außer in den landwirtschaftlich genutzten Regionen, der mit nur einer dünnen Mutterbodenschicht bedeckte Kalkfels, was für die Flora extreme Bedingungen schafft. Zusätzlich negativ wirkt sich aus, daß es auf der Insel zwei grundverschiedene Klimaperioden gibt: im Winter Tundrenklima mit reichen Niederschlägen - allerdings gegenüber dem schwedischen Festland mit weniger Frost - und im Sommer trockenes Steppenklima. Viele Pflanzen wachsen daher nur im Miniaturformat.

Die Besucher, die die Insel zum ersten Mal betreten, sind immer wieder überrascht, daß es hier so viel **Nadelwald** gibt, dürfte man doch auf Grund der natürlichen Voraussetzungen mehr Laubwald erwarten. Tatsächlich ist Gotland, was den Anteil von Nadelhölzern am Gesamtwaldbestand angeht, Schwedens nadelwaldreichste Provinz. Dieser Umstand hängt nicht zuletzt mit dem starken, ungeregelten Holzeinschlag früherer Jahrhunderte (besonders zur Gewinnung von Schiffsbauholz) zusammen, denn seinerzeit war der Anteil von Laubhölzern wesentlich höher.

Knapp die Hälfte der Bodenfläche Gotlands ist von Wald bedeckt. Man findet hier den mit Abstand größten Bestand an **Eiben** in Skandinavien, vor allem im Gebiet um Gothem (Ostküste) und im Gebiet um Boge (südlich von Slite landeinwärts).

Typisch für den gotländischen Nadelwald aus Kiefern und Föhren ist eine reiche Flora von Wiesen- und Graspflanzen. Vor allem in der Blütezeit im Frühsommer bietet sich ein herrlicher, farbenfroher Anblick, der durch den sich allenthalben an den Bäumen emporwindenden **Efeu** verstärkt wird.

Efeu (schwed. *murgröna*) ist die gotländische Symbolpflanze und überall anzutreffen, z.B. an den Häusern und Ruinen Visbys (wie der vollkommen zugewachsenen Ruine von St. Olaf im Botanischen Garten), an den Hängen der Klippen und natürlich in den Waldgebieten.

Sehr eindrucksvoll ist der Efeubestand im Naturschutzgebiet Brucebo und im Gebiet von Lickershamn. Das Klima läßt sogar einige südländische Nutzbäume wie Walnuß, Aprikose und Mandel gedeihen.

Laubwiesen

Trotz der Dominanz des Nadelwaldes gibt es noch hier und da schöne Laubwälder mit ihren herrlichen Laubwiesen, einem weiteren Charakteristikum der gotländischen Landschaft. Diese **Laubwiesen** (*lövängar*) sind keine eigentliche Naturlandschaft, sondern von Menschenhand geschaffen und mit einer fast 2.000jährigen Tradition behaftet. Dabei weiß man nicht genau, wie diese Wiesen tatsächlich entstanden sind.

Einige Forscher sind der Ansicht, daß an diesen Stellen gotländische Bauern schon früh ihre Siedlungen errichtet hatten, wobei durch Rodung die Wiesen entstanden waren. Dies geschah ab dem ersten Jahrhundert n.Chr. Man hat hier auch viele Hausfundamente aus jener Zeit freigelegt.

Das Heu der Wiesen war zusammen mit dem Laub der Bäume ein nährstoffreiches Winterfutter für das Vieh. Der Wald lieferte zudem Brennholz und einige Nahrungsmittel wie Haselnüsse und Wildäpfel. Die Entwicklung der Laubwiesenwirtschaft war durchaus eine eigenständige kulturgeschichtliche Leistung der mittelalterlichen gotländischen Bauern. Es galt, die dafür notwendige Arbeit zu organisieren und dies zudem auf solch eine Weise, daß das labile ökologische Gleichgewicht nicht gestört wurde. Wichtig war vor allem, daß Sonne und Schatten auf den angelegten Wiesen miteinander harmonierten, damit die Pflanzen gut gedeihen konnten. Jeder Flecken einer solchen Laubwiese sollte auch Schatten ausgesetzt sein. Dies wurde erzielt durch überaus geschicktes Plazieren von Büschen und Bäumen.

Schatten war vor allem deshalb notwendig, weil die kräftige gotländische Sommersonne den Boden leicht austrocknen und Pflanzen verbrennen kann. In der offenen Landschaft kann dies gut beobachtet werden, dort sind die Wiesen oft schon Ende Juli braun gefärbt - ein ebenfalls für Gotland typischer Anblick.

Um eine gotländische Laubwiese nach alter Tradition zu bewirtschaften, sind zu verschiedenen Zeiten des Jahres vier wichtige Arbeitsphasen zu beachten: Während des Winters müssen abgestorbene Äste, Bäume etc. entfernt oder eventuell an einigen Stellen ausgedünnt werden. Wenn dann im Mai die Buschwindröschen sprießen, wird damit begonnen, Heu und Laub des letzten Herbstes wegzuharken. Jeden Abend werden dabei die zusammengeharkten Haufen angesteckt, wodurch an vielen Stellen der Wiese charakteristische Brandflecken zurückbleiben.

Unmittelbar nach der Sommersonnenwende, wenn die Heckenrosen ausgeschlagen sind, beginnt die Heuernte. Die vierte Phase ist dann das Laubabschütteln von den Bäumen, besonders von Eschen, Ulmen und Linden, um auf diese Weise nährstoffreiche Blätter als Viehfutter zu erhalten. Heutzutage ist das Bewirtschaften von Laubwiesen eher das Nachempfinden einer alten Tradition, die man zu bewahren versucht, als eine ökonomische Notwendigkeit. Gerade im Frühsommer entfalten die vielen blühenden Pflanzen der Laubwiesen eine enorme Farbenpracht. Auch viele Vogelarten sind in der Regel auf den Laubwiesen anzutreffen.

☺   Der Interessierte kann in den Touristenbüros erfahren, wann und wo eine solche Wiese geharkt bzw. abgeerntet wird.

Allekvia Lövänge: Straße zwischen Visby und Endre, ca. 1 km westlich von der Kirche in Endre zweigt ein Weg nach Süden ab (ausgeschildert); rund zweieinhalb Hektar groß.

Alvena Lindaränge (Lindenwiese von Alvena): Ca. 6 ha große Laubwiese rund 500 m östlich der Kirche von Vallstena, 20 km östlich von Visby. Das größte zusammenhängende Gebiet mit Lindenbestand, darüber hinaus stehen hier Eichen, Eschen und Ulmen. Der Grasbewuchs ist eher spärlich, statt dessen wachsen hier mehrere Arten kleiner Pflanzen, insbesondere viele Orchideenarten. Das Gebiet ist Naturschutzgebiet. Um zur Wiese zu gelangen, nimmt man ungefähr 500 m nördlich der Kirche von Vallstena den nach Osten abzweigenden Weg nach rechts. Unmittelbar nördlich der Wiese befindet sich ein Parkplatz.

☺   Auf der Wiese stehen noch Überreste von Hausfundamenten aus der Eisenzeit.

Fide Prästänge: Straße zwischen Fide und Grötlingbo im Süden der Insel, 1 km nördlich von Fide, direkt am Weg auf der westlichen Seite.

Öja Prästänge: Direkt südlich der Kirche von Öja im Süden Gotlands zwischen Kirche und Abzweigstraße nach Bugsvik gelegen. Dichter Bestand an Eichen, Eschen und Birken, wie auch Haselnuß, Hagedorn und Hagebutte sowie viele Wiesenpflanzen und Orchideen. Reicher Singvogelbestand.

Lummelunda Kyrkänge: Unmittelbar nördlich der Kirche von Lummelunda.

Fonnsänget: Zwischen Väte und Hejde (Straße 142 Richtung Süden), ca. 1,5 km südlich der Kirche von Väte, direkt westlich der Straße gelegen.

☺   Außer den hier aufgeführten Laubwiesen gibt es noch einige Dutzend weitere auf der Insel.

✋   Besichtigt man eine solche Wiese bevor sie abgemäht wurde, sollte unbedingt darauf geachtet werden, daß man sich nur auf den angelegten Pfaden bewegt und nicht das Gras niedertritt. Das sog. *Allemansrätt* (☞ Reise-Infos von A bis Z) ist hinsichtlich der Laubwiesen, wie natürlich auch anderer Naturschutzgebiete, **nicht gültig**!

Ein weiteres Charakteristikum der gotländischen Landschaft sind die **Sumpf- und Moorgebiete**, von denen allerdings während der letzten 150 Jahre sehr viele trockengelegt wurden, so daß heute nur noch ein Bruchteil des ehemaligen Bestandes von rund 400 km (über 10 % der Inselfläche) übriggeblieben ist.

Die größten Moorgebiete waren die von Martebo im Norden und Mästerby in der Mitte der Insel. Sie allein bedeckten schon eine Fläche von 60 km². Der besterhaltene und nahezu ursprüngliche Moorkomplex ist der von **Träskmyr** ganz im Norden der Insel bei Kappelshamn.

Das schwedische Wort *myr* bezeichnet kein eigentliches Moor im landläufigen Sinn, sondern eher ein sumpfiges Gelände mit zum Teil offener Wasserfläche, das nach starken Regenfällen sogar periodisch zu einem flachen See werden kann. Es ist ein Eldorado für Pflanzen und Wasservögel. Zuweilen kann solch ein *myr* allerdings im Hochsommer teilweise oder sogar ganz austrocknen.

Schön ist auch das **Line myr** ca. 20 km südöstlich von Visby, zwischen Hörsne und Vallstena, östlich der Verbindungsstraße zwischen beiden Orten.

Zu den typischen Feuchtgebieten der Insel gehören auch die *träsk*. Dieser Begriff bezeichnet einen kleineren seichten oder versumpften See mit starkem Uferbewuchs aus Schilf. Diese Seen entstanden auf Grund der besonderen Bodenbeschaffenheit und der gewöhnlich flachen Landschaft, in der es an Abflußmöglichkeiten für Regen- und Grundwasser mangelt.

Gotland ist trotz der geringen Niederschläge eine grundwasserreiche Insel, auf der diese "Grundwasserseen" entstehen konnten, besonders da, wo dem Kalkboden noch zusätzlich eine Lehmschicht aufliegt, und so das

Einsickern des Wassers in den Grund erschwert wird. Solch ein Binnen-seegebiet steckt voller Leben. Man findet hier nicht nur eine artenreiche Vogelwelt rund um die Ufer, sondern das Wasser beherbergt auch einen reichen Fischbestand.

Barsch, Aal, Hecht und manche Friedfischart sind hier anzutreffen. Einer der größten dieser Binnenseen ist der von **Tingstäde**. Zwei weitere schöne *träsk*, **Bäste** und **Fardume**, liegen in der Sperrzone im Norden der Insel, deren Betreten für Nichtschweden an besondere Bedingungen geknüpft ist.

Die Tierwelt

Die Fauna der Insel weist im Unterschied zum schwedischen Festland einige charakteristische Besonderheiten auf. Elche und anderes Großwild sowie Dachs, Marder und Otter fehlen. Einige Rehe wurden künstlich in umzäuntem Gelände angesiedelt.

Auf Gotland gibt es dagegen viele Igel und Füchse. Letzteres hängt wohl auch mit der immensen Ausbreitung der **Wildkaninchen** zusammen. Erst im Jahre 1907 wurden drei (!) dieser Kaninchen auf die Insel gebracht. Inzwischen sind sie mancherorts zu einer großen Plage für die Landwirtschaft geworden, vor allem in Gebieten mit Feldfrüchteanbau. Außer Kaninchen, aber weitaus seltener und von diesen mehr und mehr verdrängt, leben auf der Insel **Hasen**.

Neuerdings sind an einigen Stellen im Nordwesten der Insel **Nerze** anzutreffen, die aus der großen Nerzfarm bei Lummelunda entwichen sind. Diese Kleinraubtiere können, wenn sie sich in die Enge getrieben fühlen, sehr aggressiv werden und schmerzhafte Bißwunden zufügen. Die verwilderten Nerze werden mehr und mehr zu einer Plage, da sie sich in reiner Tötungslust nicht selten über das Federvieh der umliegenden Bauernhöfe hermachen.

In den Feuchtgebieten der Insel, der Moor- und Träsklandschaft, ist die **Ringelnatter** anzutreffen. Auch die **Kreuzotter** ist an manchen Stellen zu finden.

Als landwirtschaftlich bedeutende Provinz gibt es auf der Insel natürlich sehr viele Nutztiere, besonders charakteristisch sind die vielen Schafe und die **gotländischen Pferde**, die *russ* genannt werden. Sie waren ursprünglich wild und lebten wahrscheinlich schon zu Beginn der Litorinazeit (vor rund 7.000 Jahren) auf der Insel. Sie sind klein und stämmig gebaut. Im letzten Jahrhundert wurden viele dieser Pferde sogar nach England, Belgien und Deutschland exportiert, wo sie als Zugtiere in den Kohlegruben eingesetzt wurden.

Um die Jahrhundertwende schrumpfte der Bestand beträchtlich, und da ihre wirtschaftliche Bedeutung ständig sank, wurde auch nicht mehr viel Augenmerk auf die Zucht gelegt. Erst als man sich ihrer besonderen kulturgeschichtlichen Bedeutung für Gotland stärker bewußt wurde, und seit der Ponysport in den 50er Jahren populär wurde, hat man sie wieder-entdeckt.

Die freilebenden *russ* kann man sehr gut im sog. "**Russpark**" in der Lojstaheide beobachten (ungefähr 35 km südlich von Visby, Abzweig bei der Kirche von Lojsta nach Westen, ausgeschildert).

Sehr artenreich ist die gotländische **Vogelwelt**, was sowohl Seevögel als auch Singvögel betrifft, so daß man fast schon von einem ornitholo-gischen Paradies sprechen kann. Auf Grund der besonderen Klima- und Umweltbedingungen haben sogar einige skandinavische Vogelarten ihr bevorzugtes Verbreitungsgebiet gerade auf Gotland gefunden. Zugvogel-arten verweilen auf ihren Flügen nach Norden oder Süden (je nach Jah-reszeit) längere Zeit auf der Insel. Einige überwintern sogar hier, beson-ders einige Entenarten, denn insgesamt ist das gotländische Winterklima trotz der nördlichen Lage der Insel recht mild.

Viele Vogelarten, die andernorts schon vom Aussterben bedroht sind, weil ihre natürlichen Lebensräume immer mehr eingeschränkt werden, haben auf Gotland noch gute Lebensbedingungen. **Adler**, **Kraniche** und **Raben** sind allenthalben in den geschützten Feucht- und Waldgebieten anzutreffen. Berühmt sind auch die beiden einzigen echten **Vogelfelsen** der Ostsee, die unter Naturschutz stehenden Karlsinseln mit ihrem arten-reichen Seevogelbestand.

Die ornithologisch einzigartige Stellung der Insel ist durch den steigenden Tourismus natürlich in besonderer Weise gefährdet. Vor allem in der Brutzeit von Mai bis Juni, wenn viele Vögel in den Schilf-und Strandwiesenbereichen ihre Nistplätze eingerichtet haben, können sie empfindlich gestört werden. *Gotlands kommun*, die Verwaltung der Insel, hat neuerdings rund 50 Gebiete ausgewiesen, in denen seltene Vögel vorkommen und in denen besondere Schutzbestimmungen gelten. Aktuelle Informationen hierüber erhält man im Touristenbüro in Visby.

Schafe, Schafe, Schafe

Schafe gehören zur gotländischen Landschaft wie kein zweites Tier. Überall sind sie anzutreffen: auf den Strandwiesen, den weiten Heide-flächen, den Waldwiesen und sogar im Wald selbst. Die besondere

Schafsrasse, die hier auf der Insel gehalten wird, heißt auch nicht wie sonst im Schwedischen *får*, sondern *lamm* (oder *lamb*), und die jungen Schafe nennt man *lammungar*.

Jährlich werden rund 40.000 Schafe geboren. Das bedeutet, daß es mehr Schafe als Menschen auf Gotland gibt. Vermutlich ist das Schaf das älteste Haustier, das schon die frühen Gotländer züchteten. Sie hielten es hier schon in der jüngeren Steinzeit (ca. 2.000 Jahre v.Chr.). Früher trugen die Gotlandschafe noch durchweg Hörner, doch seit geraumer Zeit dominieren diejenigen mit den "weggezüchteten" Hörnern. Mitunter kann man jedoch in einer Herde noch Vertreter der "bewehrten Rasse" mit den charakteristisch nach hinten geschwungenen Hörnern entdecken.

Sogar das Landeswappen Gotlands hat seit alters her das gehörnte Schaf, das die Standarte trägt, zum Symbol. Dieses Wappen trägt eine lateinische Inschrift, die übersetzt lautet: "Das Zeichen der Gotländer bin ich, aber mit dem Lamm kennzeichne ich Christus."

Die gotländischen Schafe leben praktisch das ganze Jahr über im Freien. Hier und da stehen in den Weidegebieten sog. *lambgiftar*, kleine, schilfgedeckte Hütten, in denen die Schafe Schutz finden können. Sie heben sich mitunter in eigenartiger Weise von der Landschaft ab.

Das schwedische *Allemansrätt* (☞ Reise-Infos von A bis Z), das jedem einen möglichst uneingeschränkten Zugang zur Natur verschaffen will, erlegt jedem natürlich auch in gleicher Weise eine gewisse Verantwortung zum Schutze dieser Natur auf. Dies gilt in besonderer Weise für Gotland, dessen zum Teil einzigartige Natur unter anderem durch einen ungehemmten Tourismus gefährdet ist. So sollte sich der Individualreisende mit dem Auto nur auf den zugelassenen Straßen bewegen und insbesondere das Befahren der Strände und Strandwiesen vermeiden.

Gleiches gilt für die Laubwiesen, die alle unter Schutz stehen. Auch sollten die vielen Zäune, die zur Einhegung von Weideland da sind, beachtet und insbesondere die Tore immer wieder verschlossen werden. Für einige Gebiete der Insel herrscht zu bestimmten Zeiten des Jahres zum Schutz der Tierwelt Zutrittsverbot.

Die Kulturlandschaft

Auf Gotland gibt es gut 200 Gebiete mit Siedlungsresten vom Ende der Bronzezeit und aus der ältesten Eisenzeit. An keinem anderen Ort in

Schweden findet sich hierzu irgendeine Entsprechung. Die insgesamt 1.800 Hausfundamente stellen zusammen mit anderen kulturlandschaftlichen Überresten aus der Mitte der Eisenzeit das reichste Vorkommen dieser Art im Lande dar.

Dazu kommen ein gutes Dutzend aufgegebene Höfe mit sehr gut erhaltenen Resten der Bebauung und der Ackerfläche aus der jüngeren Eisenzeit und dem frühen Mittelalter. Ungefähr die gleiche Anzahl Hafenanlagen aus derselben Epoche ist bekannt, dazu über 200 Überreste mittelalterlicher Steinhäuser in der ländlichen Region Gotlands sowie gut 90 erhaltene mittelalterliche Gemeindekirchen. Hierzu kommen zahlreiche erhaltene Gebäude, Ackerflächen und andere Geländespuren der vorindustriellen Agrargesellschaft, deren Kulturlandschaft wir in den ältesten Landvermessungskarten studieren können. Diese Liste ließe sich noch fortsetzen.

Wie kommt es, daß Gotland diesen **Überfluß an Kulturdenkmälern** besitzt? Um der Antwort auf diese Frage näherzukommen, ist es sinnvoll, von der Bevölkerungsentwicklung auszugehen. Beginnen wir mit der aktuellen Situation. Wenn wir den Anteil der Beschäftigten in den verschiedenen Gewerbezweigen betrachten, so zeigt sich, daß die Land- und Forstwirtschaft den größten Wirtschaftszweig auf der Insel darstellt, der nahezu 18 % der berufstätigen Bevölkerung umfaßt. Er ist größer als der Zweig der verarbeitenden Industrie und der öffentlichen Verwaltung. Dies ist eine ganz einmalige Situation im Vergleich mit den übrigen Regionen Schwedens, und die Ursachen dieser Entwicklung müssen weit zurück in der Vergangenheit gesucht werden.

Wir können dann die Veränderungen während des 19. Jahrhunderts ansehen und die Entwicklung auf Gotland in Relation zum übrigen Schweden setzen. Ganz allgemein zeigt sich die beginnende **Industrialisierung** dort in einem kräftigen Aufschwung des Industriesektors und einem entsprechenden Niedergang der Landwirtschaft, während die Veränderungen innerhalb des Handels und der öffentlichen Verwaltung weniger gravierend waren. Diese Tendenz gab es auch auf Gotland, aber die Entwicklung war viel schwächer. Im Jahre 1800 entsprach der Anteil der in der Industrie tätigen Bevölkerung in etwa dem des Landesdurchschnitts, aber am Ende des Jahrhunderts war Gotland abgerutscht, denn hier fand ein erheblich geringerer Rückgang der Beschäftigung innerhalb der Landwirtschaft statt.

Wenn wir die Entwicklung innerhalb der ländlichen Bevölkerung Schwedens während des 19. Jahrhunderts betrachten und Gotland mit dem Landesdurchschnitt vergleichen, treten einige wesentliche Unterschiede hervor. Erstens ist der Anteil der Bauern auf Gotland wesentlich höher als der für ganz Schweden errechnete Durchschnitt. Zweitens ist die Zahl der Kätner sehr klein, was ein ganz anderes Bild im Vergleich mit dem übrigen Schweden ergibt. Die Kätnerkolonisation in der Wildnis und in Randgebieten, die während des 19. Jahrhunderts in Schweden ein Kennzeichen der Kulturlandschaftsentwicklung war, hat es im großen und ganzen auf der Insel nicht gegeben.

Die agrarische Entwicklung auf Gotland vollzog sich während des 19. Jahrhunderts in der seit langem etablierten ländlichen Region, deren geographischer Rahmen unverändert blieb. Dies wiederum deutet auf eine geringe Bevölkerungsdichte zu Beginn des 19. Jahrhunderts hin und auf eine damit zusammenhängende niedrige Intensität in der Nutzung der Kulturlandschaft.

Gotland war tatsächlich während der Emigrationsphasen des 19. Jahrhunderts ein Einwanderungsgebiet und wurde von jenen Emigranten - hauptsächlich aus Småland und von Öland -, die die billigere Alternative wählten und auf Gotland eine Zukunft suchten, anstatt den großen Sprung über den Atlantik zu wagen, *Klein Amerika* genannt.

Auf Gotland gab es am Ende der vorhistorischen Zeit und während der ersten Hälfte des Mittelalters die Ausdehnung der Höfe und der Kulturlandschaft, die sich auf dem Festland in Hofteilungen und dem Zusammenschluß einzelner Höfe zu Dörfern sowie der Urbarmachung und der Regulierung der Anbauflächen ausdrückte, überhaupt nicht. Dörfer hat es auf Gotland weder als kameralen Begriff noch als funktionelle Organisation mit Dorfrecht je gegeben, es existierten nur Einzelhöfe.

Die weitere Entwicklung vom Ende des 17. bis in die Mitte des 19. Jahrhunderts ist u.a. durch die Hofteilung oder *partklyvning* gekennzeichnet. Ihr Ausmaß war auf Gotland etwa so groß wie auf dem Festland. In ihrem Gefolge haben sich im südlichen und mittleren Schweden umfassende Strukturveränderungen der Agrargesellschaft vollzogen, die Gotland aber nicht berühren sollten. Hier hat es beispielsweise nie einen Adel mit Herrenhof- oder Gutsbildung gegeben, auch nicht irgendeine Ausbeutung der unteren Schicht der agrarischen Bevölkerung in Form von Kätnerbesiedlung. In der älteren kameralen Klassifizierung der Höfe in Steuer-, Kron- und Adelsland waren die freien Steuerbauern deutlich in der Mehrzahl. Die Adelsbauern gab es auf Gotland nicht.

Um die gegenwärtige Situation und den Grad der Urbarmachung zu verstehen, muß ferner eine für Gotland spezifische Bedingung genannt werden. Im Zusammenhang mit der während des 19. Jahrhunderts erfolgten Umstellung vom älteren Anbausystem zur modernen mehrjährigen Fruchtfolge mit dem Anbau von Futterpflanzen bedurfte es einer bedeutenden **Ausweitung der Ackerflächen**. Die Neubestellung sollte vor allem die nun überflüssigen Wiesenflächen, sowohl die Laubwiesen als auch marginales Weideland, umfassen. Die Umstellung war umfassend. In Süd- und Mittelschweden wurden all die älteren futterproduzierenden Flächen kultiviert. Mit anderen Worten: Wiese wurde zu Acker.

Auf Gotland nahm die Entwicklung einen anderen Verlauf. In älterer Zeit gab es eine große Anzahl Feuchtgebiete und flachgrundiger Seen. Zusammen machten sie ca. 12% der Inselfläche aus. Heute sind nur noch ca. 5% (!) der ursprünglichen Feuchtgebiete erhalten, der Rest wurde in der Mitte des vorigen Jahrhunderts trockengelegt und urbar gemacht. Der Bedarf an Ackerfläche konnte zu ca. 30% durch die Kultivierung dieser Feuchtgebiete gedeckt werden. Dadurch konnte ein bedeutender Teil der (Laub- und Busch-)Wiesen, die im allgemeinen einen größeren Arbeitseinsatz für die Rodung erforderten, geschont werden.

Diese alten Wiesenflächen werden heute entweder als Weide genutzt, oder man läßt sie wild wachsen. Etwa hundert kleinere Wiesengebiete werden heute durch freiwillige Einsätze oder die Fürsorge der Behörden geschützt. Ca. 20% der ursprünglichen Wiesenflächen Gotlands sind vor der späteren Kultivierung bewahrt worden. In den peripheren Gebieten des südlichen, östlichen und nördlichen Gotlands beträgt der Anteil sogar ca. 50%. Auch dies ist eine für Schweden ganz einmalige Situation.

Die Entwicklung der **Flurbereinigung** auf Gotland deutet ebenfalls auf einen geringen Nutzungsgrad der Kulturlandschaft hin. Das System der Einzelhöfe war vorherrschend. Jeder Hof konnte ohne die Rücksichtnahme und kollektive Gleichstellung, die die Dorforganisation ansonsten beinhaltete, frei über seine Anbauflächen verfügen.

Rührige Landeshauptmänner beanstandeten Ende des 18. Jahrhunderts die Altertümlichkeit, die die gotländische Landwirtschaft prägte. Bei verschiedenen Gelegenheiten wurden Versuche unternommen, eine Flurbereinigung durchzuführen, aber die Reformen trafen auf den geschlossenen Widerstand der gotländischen Bauern. Die späteren gesetzlichen Flurbereinigungen kamen nicht in Gang, ehe die Besitzstruktur durch die Hofteilung so kompliziert geworden war, daß ein wirklicher Bedarf für die Veränderung der Besitzverhältnisse vorhanden war. Erst in den 70er bis 80er Jahren des 19. Jahrhunderts kam die gesetzliche Flurbereinigung solchermaßen zustande. Die letzten größeren Bodenteilungen erfolgten in den 1950er Jahren, und einige Gebiete sind noch immer nicht reguliert.

Die gotländischen Anbaugebiete sind wie ein Flickenteppich aus Äckern, kleinen Laubwäldchen und Knicks durchzogen von den geraden Grenzen der Flurbereinigung, ein Muster, das später durch die Anpassung der Landschaft an eine moderne, mechanisierte Landwirtschaftstechnik noch verstärkt wurde.

Aber unter diesem System erkennt man in den laubbewachsenen Flächen und den landschaftlichen Randgebieten ein anderes Muster, das die Reste einer älteren Kulturlandschaft und deren Vorgänger darstellt. Jede Epoche hat durch ihre Flächennutzung, ihre Besitzstruktur und ihre Wirtschaftsverhältnisse die Landschaft in einer spezifischen Weise geformt. Die Entwicklung führte indessen zu einer veränderten Flächennutzung, und neue Wirtschaftsmethoden beeinflußten die ältere Kulturlandschaft, die dadurch in unterschiedlichem Ausmaß zerstört wurde. Ältere Formen, die aus dem einen oder anderen Grund erhalten blieben, liegen nun wie Fossilien in der jüngeren Kulturlandschaft.

Die Formelemente in der vorindustriellen agrarischen Kulturlandschaft, die dauerhafte Flurzeichen hinterlassen können, sind Besiedlung, Äcker, Einfriedungen, Wege, Viehpfade und, in vorhistorischer Zeit, Grabfelder. Der Grad ihrer Erhaltung hängt von der Intensität der Nutzung der jüngeren, darübergelagerten Kulturlandschaft ab. Eine geringe Flächennutzung schafft die Voraussetzungen für die Erhaltung, während eine intensive Bewirtschaftung die Geländespuren beseitigt.

Die vergleichsweise schwache Bevölkerungsentwicklung und der geringe Nutzungsgrad der gotländischen Kulturlandschaft haben eine sehr günstige Situation für die Erhaltung von Überresten der älteren Kulturlandschaft geschaffen. Es gibt keine andere Region in Schweden, die eine entsprechend breite Vielfalt im Bestand ihrer frühgeschichtlichen Zeugnisse aufweisen könnte. Alle oben erwähnten Formelemente treten im gotländischen Feldmaterial reichlich auf und können oft zu nahezu vollständigen Bildern einer älteren Kulturlandschaft zusammengesetzt werden. Diese Gebiete sind wegen der vielen verschiedenen frühgeschichtlichen Zeugnisse auf begrenztem Raum die interessantesten und sehenswertesten Besuchsziele.

Von den vielschichtigen Kulturlandschaften mit zentraler Lage innerhalb des ländlichen Raumes kann das Gebiet bei **Uggårde-Vinarve** in der Gemeinde **Rone** genannt werden. Die bronzezeitliche Landschaft tritt hier um die großen Steinhaufengräber nahe der Küste bei Uggårde hervor. Gegen Ende dieser Periode erfolgte eine umfassende Kultivierung, die ihre größte Ausbreitung um Christi Geburt erreichte. Die Äcker wurden extensiv bewirtschaftet und lagen zwischen jeder Anpflanzungsphase lange Zeit brach. Wahrscheinlich kümmerte sich eine größere Gruppe von Menschen, die wir Sippe nennen können, um die Bestellung der Felder.

Um das Jahr 200 löste sich die ältere Gesellschaft auf, und an ihrer Stelle wurde eine Anzahl Gehöfte errichtet, deren Reste in der Landschaft heute als starke Fundamente erkennbar sind. Die Ackernutzung wurde intensiviert, und die wertvollsten Flächen - Äcker und Wiesen - wurden zum Schutz vor grasendem Vieh mit kräftigen Mauern eingefriedet. Die Größe der Anbaufläche dieser Höfe deutet auf eine Hofwirtschaft von Familiengröße hin. In der Mitte des 7. Jahrhunderts löste sich auch diese Gesellschaft auf. Die Siedlung verlagerte sich zu den heutigen Gehöftplätzen und neuer Ackerboden wurde gewonnen. Die Flächen der alten Höfe erfuhren einen geringeren Nutzungsgrad und wurden zu Wiesen oder Weideflächen.

Ein beeindruckendes bronzezeitliches Steinhaufengrab, ein großes Gräberfeld, eine Fluchtburg, eine Kirchenruine sind einzelne, eindeutige historische Zeugnisse, die leicht zu begreifen sind und dadurch unsere Phantasie anregen. Mit den Zeugnissen der älteren Kulturlandschaft verhält es sich anders. Zum einen sind die Spuren im Gelände für ein untrainiertes Auge vielfach schwer zu erkennen, zum anderen besteht die ältere Kulturlandschaft aus einer Reihe verschiedener Komponenten - Fundamente, Ackersysteme, Einfriedungen, Viehpfade usw. -, die über ein größeres Gebiet verstreut sind. Ein solches Areal kann daher nicht von einem einzelnen Platz aus erlebt werden, sondern man muß in der Landschaft umhergehen, um sich zu informieren.

Auch wem sich beim Umherwandern dergleichen nicht erschließt, für den hat sich zumindest der Spaziergang in einer wohlbewahrten, schönen Landschaft, die für sich genommen schon ein Teil des Erlebnisses ist, gelohnt.

Im folgenden wird zum leichteren Verständnis ein kurzer Abriß der gotländischen Geschichte dargeboten.

Geschichte

Die Steinzeit (ca. 8000 bis 1500 v.Chr.)

Nach der letzten Eiszeit stieg Gotland langsam aus dem Meer. Die *Guta-Sage*, die im 13. Jahrhundert aufgeschriebene erste Geschichte Gotlands, berichtet darüber: Die Insel war damals so verzaubert gewesen, daß Gotland am Tage im Meer versank, nachts aber wieder daraus emporstieg. In dieser mythischen Vorzeit gab es einen Mann, der Tjelvar hieß und der Gotland als erster entdeckt haben soll. Ein Traum von drei Schlangen, den Tjelvars Frau ihrem Mann erzählte, kündigte dem Paar drei Söhne an, die die Insel später unter sich in Drittel aufteilten und zu den Stammvätern der Gotländer wurden.

Diese administrative Aufteilung Gotlands in drei Bezirke hat es bis in die Neuzeit hinein tatsächlich gegeben. Über die ersten Bewohner Gotlands ist aber so gut wie nichts wissenschaftlich Nachweisbares bekannt. Es scheinen jedoch Jäger und Sammler gewesen zu sein, wie archäologische Untersuchungen nahelegen.

In den damaligen Uferregionen (heute etwas weiter landeinwärts, da die Insel sich gehoben hat) fand man Siedlungsspuren einer frühen Fischerkultur. Diese breitete sich im Laufe der Zeit entlang der Wasserläufe ins Inselinnere aus. Aus der jüngeren Steinzeit wurden hier auch Fragmente von ersten Ackerbaugerätschaften entdeckt. Sie weisen auf Einflüsse aus dem Orient hin. Ein Wohnplatz an der Ostküste, der gegen Ende der Steinzeit angelegt worden sein dürfte, liefert nähere Aufschlüsse. Man fand dort nicht nur Fischfanggeräte, sondern auch große, bearbeitete Elch- und Hirschgeweihe, die für den Hackfruchtanbau benutzt wurden. Diese und weitere Funde wie sog. Bootäxte dänischen und nordwestdeutschen Typs sowie primitive Schmuckgegenstände beweisen die Verbindung mit der Steinzeitkultur in Südskandinavien.

Die Inselbewohner der jüngeren Steinzeit scheinen auch schon die geographisch günstige Lage der Insel wirtschaftlich genutzt zu haben, indem sie mit den nächstgelegenen Küsten Festlandschwedens und des Baltikums Handel trieben. Die letzte Periode der Steinzeit ist durch große Veränderungen gekennzeichnet, die durch Umsiedlung in das Landesinnere hervorgerufen wurden. Zu dieser Zeit wurden auch die aus großen Kalksteinplatten bestehenden charakteristischen Steinzeitgräber angelegt.

Die Bronzezeit (1500 bis 500 v.Chr.)

Die tausendjährige Periode zwischen 1500 und 500 v.Chr. zeigt Gotland auf einer relativ hohen Kulturstufe. Die Bewohner waren Bauern und

Händler, die mit Ruderschiffen den Ostseeraum befuhren und Waren aus dem Westen, insbesondere von den britischen Inseln, gegen Waren aus Mittelosteuropa tauschten (Bernstein, Pelzwerk und Sklaven gegen Kupfer, Bronze und Gold).

Waffen, Gebrauchsgegenstände und Schmuck wurden vorwiegend aus Bronze gefertigt. Aus dieser Zeit sind zwei Bestattungsformen überkommen. Von der früheren künden rund 400 kleinere und größere Hügel, sog. **Steinhaufengräber**. Bei Rone an der Südostküste findet man den größten von ihnen, Uggarderojr. Die spätere Grabform stellen die sog. Schiffsetzungen dar, die auch noch in der frühen Eisenzeit angelegt wurden.

Die Steinhaufengräber aus der älteren Bronzezeit (gotl. *rojr*, schwed. *röse*), von denen bisher nur ein Bruchteil wissenschaftlich untersucht worden ist, liegen vorwiegend in den Küstentrakten und sind Grabstätten von Häuptlingen und sonstigen wichtigen Personen. Unter den Steinhaufen verbargen sich oft geschickt konstruierte Grabkammern, die mittlerweile zusammengebrochen sind, wodurch die eigentümlichen Krater in der Mitte der Steinhaufen entstanden. Diese können aber auch durch Plünderungen der Grabkammern hervorgerufen worden sein. In diesen Gräbern ist heutzutage nichts mehr zu finden. Die - wenigen - Grabfunde liegen im Museum in Visby.

In der späteren Bronzezeit (ca. 1000 bis 500 v.Chr.) gingen die Bewohner Gotlands wie andernorts auch dazu über, die Toten zu verbrennen und die Asche zu bestatten. Dies geschah anscheinend innerhalb des mythischen Bezirkes eines aus großen Steinblöcken geformten Schiffsumrisses. Viele dieser imposanten **Schiffsetzungen** sind bis heute erhalten. Sie demonstrieren auf recht anschauliche Weise, welch große Bedeutung das Schiff bei den damaligen Inselbewohnern erlangt hatte, da es sogar in ihren Totenkult einging. Es finden sich in diesem Zusammenhang Parallelen zu Kulten anderer Völker, bei denen die Seefahrt ebenfalls eine wichtige Rolle im Wirtschaftsleben spielte. So nimmt das Schiff auch bei den antiken Völkern des mediterranen Raumes in Mythologie und religiösen Kulten auf eine jeweils spezifische Weise einen festen Platz ein.

Von allen bekannten Schiffsetzungen des nordgermanischen Bereiches entfallen die meisten (rund 300) auf Gotland. Es sind zudem die ältesten, was darauf schließen läßt, daß dieser Totenkult vermutlich von hier aus auf die anderen Gebiete Nordeuropas, in denen er Anwendung fand, übergegangen ist. Die einzelnen Schiffsetzungen können unterschiedliche Ausmaße besitzen - von dem Riesenschiff bei Gnisvärd von 45 m Länge bis zu so kleinen, daß man sie fast übersieht. Eines aber haben sie alle gemein: Sie sind immer parallel zur Küstenlinie angelegt.

Schiffsetzung bei Gannarve

Die Eisenzeit (500 v.Chr. bis ca. 1000 n.Chr.)

In der älteren Eisenzeit verschlechterte sich das milde Klima der Bronzezeit. Einige Generationen lang war es sogar kälter und feuchter als heute. Gotland erlebte während dieser Zeit eine Periode der Armut. Die neue Kunst der Eisenherstellung führte keine wirtschaftliche Blütezeit mit sich. Der kulturspendende Kontakt zur Mittelmeerwelt scheint für einige Zeit abgebrochen zu sein.

Aus dem ersten Jahrhundert v.Chr. stammen Funde und Gräber, die auf eine neue kulturelle Blüte hinweisen. Diese hing mit dem regen Austausch mit der römischen Welt zusammen, und die materielle Kultur übertraf sogar die der späteren Wikingerzeit. Die ersten drei Jahrhunderte n.Chr. werden wegen der engen Beziehungen mit dem Römischen Reich auch **„römische Eisenzeit"** genannt. Aus jener Zeit sind rund 2.000 Hausfundamente gefunden worden. Soziologisch haben wir es mit Großfamilien und Sippenverbänden zu tun.

Um 500 n.Chr. scheint eine große Katastrophe die Insel getroffen zu haben. Alte Siedlungsgebiete wurden aufgegeben oder niedergebrannt; eine dunkle Zeit, aus der wenig überliefert ist. In der zur Mitte des 13. Jahrhunderts aufgezeichneten *Guta-Sage* wird von Überbevölkerung und Zwangsemigration aus Gotland berichtet. Angeblich hatten sich diejenigen, die per Los zur Emigration bestimmt worden waren, hinter die gewaltigen Mauern der Torsburg (☞ Orte und Sehenswertes: Torsburgen) zurückgezogen.

Die Zeit nach der Völkerwanderung brachte Gotland wieder einigen Wohlstand. Nach Funden aus der Gegend des Mälarsees wird diese Kulturstufe **Vendelzeit** genannt. Zogen die Gotländer früher vor allem Gewinn aus ihrem friedlichen Handel mit den römischen Provinzen in Nordwesteuropa, fiel ihnen nun ein Anteil an der Beute zu, die die germanischen Stämme bei ihren Zügen in das zerfallende römische Weltreich machten. Es strömten Gold und Silber nach Norden wie nie zuvor. Im gotländischen Boden wurden unzählige spätrömische Münzen und Medaillons gefunden, von denen die schönsten Stücke im Museum in Visby, Gotlands Fornsal, ausgestellt sind.

Mit dem zur Insel strömenden Edelmetall entwickelte sich eine eigenständige einheimische **Goldschmiedekunst**, die bis heute im Kunsthandwerk fortlebt.

Die Wikingerzeit (ca. 800 bis 1050)

Um 800 n.Chr. setzte eine kriegerische Expansion nordeuropäischer Stämme nach Süden und Westen ein, die ganz anders war als diejenige der Völkerwanderungszeit. Aus ganz Skandinavien strömten große Scharen von Seekriegern über die Meere und über die großen Flüsse in fremde Länder. Sie gründeten neue Staaten oder unternahmen lediglich Raub- und/oder Handelszüge. Dabei brach der Kontakt zur alten Heimat nicht ab. Es fand stets eine Rückwanderung bzw. neuer Zuzug von dort statt.

Die kriegerischen Skandinavier in West- und Mitteleuropa werden **Wikinger** oder **Normannen** genannt. Diejenigen, die über die großen Flüsse Osteuropas zum Schwarzen Meer und in das Byzantinische Reich und den Orient strebten, heißen **Waräger**.

Die Gotländer scheinen sich bei diesen Zügen auf ihren alten Handelswegen nach Osten bewegt zu haben; über 10.000 arabische und byzantinische Münzen, die auf der Insel bisher gefunden wurden, zeugen davon. Gemünztes Silber aus dem angelsächsischen England und dem fränkisch-deutschen Reich aus der Zeit um 950 und 1050 zeigt aber auch, daß die Gotländer lebhafte Kontakte nach Westen unterhielten.

Auf einen neuen materiellen Wohlstand und eine neue kulturelle Blüte in dieser Zeit nach der Völkerwanderung deuten die vielen Funde und Überreste hin: Münzen, Schmuck, vor allem aber die einzigartigen Monumentalkunstwerke der **Bild- und Runensteine**. Diese Bildsteine sind eine kulturgeschichtliche Quelle ersten Ranges, da sie nicht nur Informationen über die Mythologie und Religion der damaligen Gotländer liefern, sondern auch über deren Alltagsleben und Gebrauchsgegenstände wie Haushaltsgeräte, Werkzeuge und Schiffe. Hierbei knüpften die wikingerzeitlichen Künstler an Traditionen der vorangegangenen Vendelzeit an, entwickelten aber neue Bildinhalte und Formensprachen.

Die Bildsteine können insgesamt in drei Gruppen eingeteilt werden: Die älteste, noch der Vendelzeit zuzuordnende Gruppe aus dem 5. und 6. Jahrhundert zeigt Bildsteine mit rechteckiger Grundform, die an den Seiten leicht konkav geschwungen ist und im Scheitel bogenförmig verläuft. Auf ihnen dargestellt sind immer wieder Rosetten, Wirbelräder, Langschiffe mit Ruderern und schlangenartige Tiere. Menschen sind auf ihnen einzeln oder paarweise, mit und ohne Waffen, zu Fuß oder zu Pferde, oft in Kampfhandlungen verstrickt, zu finden.

Die zweite Gruppe (8. bis 10. Jahrhundert) umfaßt vollkommen anders geformte Bildsteine: vom Fuß an zu beiden Seiten hin sich gleichmäßig verjüngend und mit einem bis auf die Basisbreite beidseitig ausladenden Kopfstück in überhöhter Halbkreisform abschließend. Diese im Vergleich zur älteren Gruppe gewöhnlich größeren Steine sind wie jene in Rankornamentik gefaßt, die aber einzelne, horizontale Felder umschließt (Anzahl von Stein zu Stein verschieden), auf denen Szenen aus dem realen Leben und der Mythologie abgebildet sind. Im Vordergrund stehen dabei immer wieder bemannte Wikingerschiffe, Tiere oder Fabelwesen, Kampfdarstellungen, das schicksalhafte Wirken der Götter - immer mit reichlich Symbolkraft.

Die Darstellungen stehen unzweifelhaft im Dienste der Verherrlichung von Toten, wobei allerdings bezweifelt werden muß, daß auf die Individualität des Verstorbenen Rücksicht genommen worden ist, d.h. auf die Art seines Wirkens, die Umstände seines Todes oder etwa die Verbindung zu einem bestimmten Gott. Vielmehr scheinen hier dem Verstorbenen archetypische Muster zugeordnet zu sein und die Bildsteine Szenen aus unterschiedlichen Realitätsebenen zu enthalten.

Die häufige Aufteilung in verschiedene, deutlich getrennte Felder unterstreicht diesen Eindruck. Wir sehen Szenen, die offensichtlich das Jenseits, den Kriegerhimmel Walhalla darstellen. Andere Szenen wiederum sind eindeutig verschiedenen Heldensagen und Göttermythen entnommen. Und wieder andere zeigen schwer deutbare, reale und diesseitige Ereignisse. Aber "alt ir baugum bundit", heißt es in der *Guta-Sage*, "alles ist miteinander verwoben". Und die auf den Steinen in unterschiedlicher Form wiederkehrende Flechtornamentik könnte dieses zentrale Daseinsgefühl des wikingerzeitlichen Menschen in symbolischer Form ausdrücken.

Im frühen 11. Jahrhundert entstand eine dritte Gruppe von Steinen. Als Bildinhalt setzt sich auf ihnen zunehmend das Motiv des christlichen Kreuzes durch. Als Hauptmotiv erscheinen allerdings vielfach ineinander verschlungene Schmuckbänder, in die in der Regel eine Runeninschrift eingelassen ist. Erst diese Gruppe umfaßt die eigentlichen **Runensteine**. Sie nennen in der Regel den Namen desjenigen, für den der Gedenkstein errichtet wurde, sowie den Schicksalszusammenhang, gelegentlich auch den Namen des Künstlers oder Stifters.

Die schönsten und interessantesten auf Gotland gefundenen Bild- und Runensteine sind im **Museum Gotlands Fornsal** (☞ Visby) zu bewundern (einige auch im **Bungemuseum**, ☞ Orte und Sehenswertes: Bunge). Mancherorts stehen aber auch noch Steine an ihren ursprünglichen Plätzen in der Landschaft, viele sind auch in das Mauerwerk oder die Fußböden von Landkirchen eingelassen.

Gotland im Mittelalter

Handelszentrum und Keimzelle der Hanse

Mit der Christianisierung der Insel im frühen 11. Jahrhundert werden die schriftlichen Quellen reichhaltiger. Alter Überlieferung zufolge soll das Christentum im Zusammenhang mit einem Besuch des landflüchtigen norwegischen Königs Olaf (später auch der Heilige genannt) im Jahre 1029 eingeführt worden sein. Es ist aber wahrscheinlicher, daß dies eine Rekonstruktion ist und daß die neue Lehre schon vorher Anhänger auf der Insel besaß.

Gotland gehörte zu jener Zeit zum Reich der Svear, jenem Volksstamm, der im Gebiet des Mälarsees siedelte und Schweden seinen Namen gab. Die *Guta-Sage* aus dem 13. Jahrhundert berichtet, daß die Gotländer sich noch in heidnischer Zeit gegen Zahlung eines jährlichen

Bildstein bei Vallstena

Tributs in die Schutzherrschaft des Svea-Königs begaben, wobei sie allerdings eine gewisse Unabhängigkeit bewahren konnten.

Die Schutzunterstellung scheint durchaus angebracht gewesen zu sein, da die Insel ständig Überfällen aus dem baltischen Raum ausgesetzt war. Noch heute zeugen insbesondere an der Ostküste die vielen Kastale (Wehrtürme) von dieser ehemaligen Bedrohung.

Gotland war seit der Wikingerzeit ein wichtiger **Handelsplatz** im Ostseeraum. Die wikingischen Handelstraditionen waren auf ihre Nachfahren, die gotländischen Bauernhändler, übergegangen. In ihren Händen lag zu dieser Zeit der Warenaustausch zwischen dem Baltikum und dem Westen. Noch heute trifft man an einigen Orten die prächtigen Steinhäuser dieser reichen Bauernhändlerschicht an (☞ Visby: Sehenswertes vor der Stadt).

Die ständig steigende Nachfrage in Westeuropa nach Produkten aus dem östlichen Ostseeraum und die Erfolge der gotländischen Händler zogen nach und nach Kaufleute aus fremden Ländern zur Insel. Vor allem Kaufleute aus den neugegründeten Handelsstädten an der holsteinischen und mecklenburgischen Küste mit Lübeck an der Spitze, aber auch aus Dänemark und sogar aus Rußland suchten in immer größer werdender Zahl ihren Weg nach Gotland. Anfangs weilten sie dort nur während der Handelssaison, bald schon blieben aber immer mehr das ganze Jahr über dort.

Der Handel konzentrierte sich auf einen Hafenplatz an der nördlichen Westküste, der **Visby** genannt wurde. Visbys Aufstieg zu einer der bedeutendsten Städte im Ostseeraum und innerhalb des frühen Hansebundes ist ohne die günstige Lage der Insel fast in der Mitte der Ostsee nicht denkbar. Gerade hier lag auf Grund der noch wenig entwickelten Schifffahrtstechnik ein neuralgischer Punkt im Ost-West-Handel über See.

So konnte der Ort schnell zu einem wichtigen Umschlagplatz von Rohstoffen aus dem skandinavischen und dem baltisch-russischen Raum sowie von Fertigwaren aus dem Westen avancieren. Die Inselbewohner bauten mit der Zeit stabile Handelsbeziehungen von der jütischen Landenge bis nach Rußland (Novgorod) auf und eigneten sich mannigfaltige Kenntnisse an. Von daher verwundert es nicht, daß Gotland Ziel lübischer Expansion wurde, nachdem Heinrich der Löwe **Lübeck** im späten 12. Jahrhundert endgültig etabliert und privilegiert hatte.

Der Sachsenherzog hatte 1163 (Artlenburgurkunde) auch den Gotländern das Recht auf sicheren und zollfreien Verkehr im Herzogtum

Sachsen verliehen und sie aufgefordert, ausgiebig davon Gebrauch zu machen. Im Gegenzug sollten die Lübecker gleiche Rechte in Visby nutzen.

Bald schon hatten die kapitalstärkeren und über ein ökonomisch bedeutendes Hinterland verfügenden Lübecker Kaufleute den gotländischen Handel an sich gezogen und Visby als Stadt kräftig ausgebaut. Sie beherrschten auch den Rat der Stadt. Zum Schutz vor den Landbewohnern, denen der Handel fast vollständig entrissen war und die diese Entwicklung mit zum Teil aggressivem Argwohn verfolgten, wurde die mächtige Stadtmauer errichtet.

Tatsächlich kam es 1288 zu einem kurzen, aber umso heftigeren Bürgerkrieg zwischen Stadt- und Landbewohnern, den die Kaufleute der Stadt für sich entscheiden konnten. Hierbei bestand die Mauer ihre erste Bewährungsprobe. Der schwedische König Magnus Ladulås, der schon früher mit einigem Erfolg versucht hatte, Gotland enger an Schweden zu binden, griff jetzt als Vermittler in diesen Konflikt ein.

Die Stadt mußte einen "Schadensersatz" für ihre Eigenmächtigkeiten zahlen, insbesondere dafür, daß sie ohne Erlaubnis des Königs die Mauer hatte errichten lassen. Ihre Privilegien (und die Mauer) konnte Visby behalten. Eine nennenswerte Einschränkung der freien politischen Stellung der Stadt vermochte der König nicht durchzusetzen. Der Bauernhandel ging in den kommenden Jahren weiter zurück, obgleich einige Bauern noch ein Jahrhundert lang Handelsschiffe auf den großen Handelsrouten halten konnten.

Unter dänischer Herrschaft

Der dänische **König Waldemar IV.** (1340-75), auch Atterdag genannt (= morgen ist auch noch ein Tag), weil seine Entscheidungsfindung angeblich immer recht langwierig war, verfolgte zu Beginn seiner Herrschaft eine ambitionierte Machtpolitik. Er wollte die in den vorangegangenen Jahrzehnten vor allem zugunsten des Hansebundes erfolgte Schwächung der dänischen Monarchie revidieren und Dänemark zur dominierenden Macht im Ostseeraum werden lassen.

Eines der ersten Objekte seiner Begierde war die Insel Gotland - nicht nur aus militärstrategischen Gründen, sondern auch wegen ihrer Wirtschaftskraft. Im Sommer des Jahres 1361 landete er mit einem großen Söldnerheer überraschend an der mittleren Westküste. Der Zeitpunkt war günstig gewählt, denn ein Eingreifen des schwedischen Königs war nicht zu erwarten, da diesem gerade von Teilen des eigenen Adels zugesetzt wurde.

Die Insel war durch den alten Zwist zwischen Stadt und Land noch immer gespalten, ein einheitlicher militärischer Widerstand, den die gotländischen Bauern dem Dänenkönig leisten wollten, kam nicht zustande. Die Bürger Visbys wollten die Verhandlungskarte spielen. So waren die Bauern, die ihre alten Freiheiten bedroht sahen, gezwungen, sich dem überlegenen Söldnerheer allein zu stellen.

Der Eroberungszug der Dänen gegen das hastig und unzureichend gerüstete Bauernheer erreichte seinen Höhepunkt am 27. Juli 1361 in der **Schlacht vor Visby**, in der rund 2.000 Bauern niedergemacht wurden. Im Museum in Visby (*Gotlands Fornsal*) ist einer der dem Mittelalter gewidmeten Ausstellungsräume mit Relikten aus dieser Schlacht versehen, die man bei Ausgrabungen gefunden hat. Und rund hundert Meter vor der Ostmauer, beim sog. *Solberga-Kloster*, steht zum Gedenken der getöteten Bauern ein steinernes gotländisches Ringkreuz.

Die Bürger Visbys, die sich während dieser Schlacht passiv verhielten, dem Bauernheer nicht einmal Zuflucht hinter den schützenden Mauern gewährten, sondern von den Zinnen aus zuschauten, wie ihren Handelskonkurrenten der Garaus gemacht wurde, erkauften sich dann ihre Unversehrtheit durch ein hohes Lösegeld. Das war aber im Vergleich zu der Heimsuchung, der das platte Land durch die marodierenden Landsknechte Waldemars ausgesetzt war, eine leicht zu tragende Last.

Im Museum in Visby hängt ein übergroßes Historiengemälde des schwedischen Malers Hellqvist aus den 1880er Jahren: "Waldemar Atterdags Brandschatzung Visbys". Eine Brandschatzung Visbys im eigentlichen Sinn des Wortes, also eine Plünderung mit Schwert und Feuer, hat allerdings realiter nicht stattgefunden. Im übrigen sprach man damals auch schon von Brandschatzen, wenn eine Stadt den Belagerern gegen Lösegeldzahlung übergeben wurde und ansonsten mehr oder weniger verschont blieb.

Hellqvist hat in seinem Visby-Gemälde eher eine interessante Melange aus dem Altnürnberg-Motiv (Hellqvist malte das Bild in München) und zeittypischen Vorstellungen vom Mittelalter mit den entsprechenden Versatzstücken als ein getreues Abbild der damaligen Ereignisse zustande gebracht.

Das Schiff des Dänenkönigs, das mit Beutegut schwer beladen war, soll auf dem Weg nach Dänemark, angeblich bei den Karlsinseln, gekentert und gesunken sein. Unzählige Taucher haben bislang vergeblich nach den Überresten gesucht.

Nach einer längeren vorangegangenen Friedensepoche begann für Gotland mit der dänischen Eroberung eine Zeit von Kriegen, Entbehrungen und politischen Wirrnissen. Schon einige Jahrzehnte später, gegen Ausgang des 14. Jahrhunderts, fiel die Insel in die Hände von Seeräubern, den sog. **Vitalienbrüdern**. Diese machten nun von Gotland aus die Ostsee unsicher. Die Störungen des Handels mußten vor allem die Hansekaufleute und der Deutschordensstaat tragen, dessen lukrative Getreideexporte via Danzig nach Westeuropa in Mitleidenschaft gezogen wurden. Der **Deutsche Orden** war es dann auch, der mit einer entschlossenen Aktion tätig wurde. Die Ordensritter setzten nämlich 1398 kurzerhand nach Gotland über und vertrieben die Vitalienbrüder aus ihren dort inzwischen errichteten und befestigten Plätzen (☞ Orte und Sehenswertes: Klintehamn, Slite, Lojsta-Schloß).

Die Herrschaft des Ordens über Gotland währte allerdings nur zehn Jahre. Dänemark hatte nicht aufgehört, die Insel als Teil seines Reiches zu betrachten, und schließlich konnte nach erfolglosem Versuch der Rückeroberung (1403/04), darauf folgenden zähen Verhandlungen und Zahlung einer hohen Summe 1408 die Rückgabe durch den Orden erreicht werden. Vieles deutet darauf hin, daß der Orden ursprünglich beabsichtigte, Gotland ganz in sein Herrschaftsgebiet zu integrieren.

Die Befestigungsanlagen Visbys wurden während der Ordensherrschaft ausgebaut, die landwirtschaftliche Ertragskraft der Insel wurde überprüft, und sogar das alte Landschaftsrecht Gotlands, *Guta-Lag*, wurde in die Ordenssprache, das Mittelhochdeutsche, übersetzt. Solches macht man nicht, wenn man sich nur vorübergehend festsetzen will. Doch die Entwicklung im Ordensland Preußen, die Bedrängung durch den polnischen König, führte dazu, daß sich der Orden von seinen gotländischen Ambitionen und dem drohenden ernsten Konflikt mit Dänemark distanzierte und seine Kräfte nunmehr ganz auf sein Stammland konzentrierte. Hierfür benötigte er dringend Geld und das bot ihm gegen Rückgabe der Insel die dänische Königin Margarete. Zwei Jahre später, 1410, verlor der Orden dennoch in der Schlacht von Tannenberg seine dominierende Stellung im östlichen Ostseeraum.

Gotland war nun wieder dänisch und der Nachfolger Margaretes, der glücklose Unionskönig **Erich von Pommern**, wollte die Insel zu einer starken Festung ausbauen. Im Süden Visbys ließ er ab 1411 eine Burganlage errichten, die den Namen **Visborg** erhielt. Es ist möglich, daß Erich hierbei auf Vorarbeiten des Ordens zurückgreifen konnte. Als er 25 Jahre später von seinem Unionsthron vertrieben wurde, suchte er in dieser Festung Zuflucht und konnte von hier aus noch 13 Jahre als König von Gotland herrschen. 1449 war seine Stellung jedoch unhaltbar geworden, und er übergab Burg und Insel dem dänischen König.

In der nachfolgenden Zeit wurde die Insel von dänischen Lehnsherren regiert, die auf der Feste Visborg residierten. Einige von ihnen spielten in der nordeuropäischen Geschichte eine herausragende Rolle, wie etwa die Gebrüder **Ivar** und **Olof Axelsson Tott** in der zweiten Hälfte des 15. Jahrhunderts. Sie entstammten einem dänisch-schwedischen Adelsgeschlecht, das auch andernorts in Dänemark, Schweden und Finnland großen Landbesitz besaß.

Die Totts betrieben eine selbständige Außenpolitik und verstanden es, ihre Stellung mit Waffengewalt zu behaupten. Ivar Axelsson, Lehnsherr bis 1487, strebte sogar nach dem schwedischen Thron, doch überspannte er den Bogen seiner Ambitionen schließlich zu stark, und seine Gegenspieler konnten ihn zurückdrängen. Man sagt, er habe ein großes Ostseereich schaffen wollen mit Gotland als Zentrum.

Ein anderer bedeutender Lehnsherr war der sagenumwobene **Sören Norby**. Er war 1517 vom dänischen König Christian II. (in Schweden wegen des sog. Stockholmer Blutbades von 1520, wo er entgegen den Absprachen widerspenstige Ratsherren und schwedische Adlige hinrichten ließ, auch "Christian Tyrann" genannt) eingesetzt worden.

Als Christian in innerdänischen Machtkämpfen von seinem Thron und außer Landes vertrieben wurde, hielt Norby ihm die Treue und verteidigte die Insel sowohl gegen dänische und schwedische als auch gegen lübische Eroberungsversuche. Norby besaß bedeutende Truppen und eine Flotte, mit der er die Ostsee kontrollieren konnte. Er nannte sich selbst sogar "General der Ostsee". Gotland wurde durch ihn in die verwickelten innerskandinavischen Konflikte zwischen Dänemark und Schweden hineingezogen, in denen es um die Vorherrschaft in der 1397 in Kalmar beschlossenen Union ging.

Schon seit den Zeiten Erichs von Pommern wuchs die Opposition seitens des schwedischen Adels gegen diese von Dänemark beherrschte Union. Einige Lösungsversuche waren gewaltsam oder diplomatisch unterdrückt worden. Jetzt, zu Beginn des 16. Jahrhunderts, war die Auflösung der Union nurmehr eine Frage der Zeit, und der Mann, der sie schließlich herbeiführen sollte, war auch schon aktiv: **Gustav Wasa**, der Bauernführer aus Mittelschweden, der eine neue Dynastie auf dem schwedischen Thron begründen sollte. In diesem Kampf zwischen Gustav

Wasa, Christian II., dem dänischen Hochadel und Lübeck, das wichtige ökonomische Interessen zu verteidigen hatte, spielte nun Sören Norby eine für Gotland unglückselige Rolle.

Im Frühjahr 1525 belagerte nämlich ein großes lübisches Heer Visby, um den Parteigänger Christians II. und seine Landsknechte zu vertreiben. Am Pfingsttag wurde die Stadt gestürmt (in der Nordmauer befindet sich die sog. Lübecker Bresche, die aus jener Zeit stammen soll) und größtenteils in Schutt und Asche gelegt. Auch die beiden Klöster St. Nikolai und St. Katharina mit ihren reichen Schätzen wurden geplündert. Dabei ging u.a. auch die sagenhafte Bibliothek der Dominikaner in St. Nikolai verloren.

In einer Quelle wird erwähnt, daß es die Landsknechte Sören Norbys waren, die die Stadt an vier Stellen ansteckten, bevor sie sich vor den anstürmenden Lübeckern in die Burg zurückzogen. Diese Festung Visborg, das eigentliche Ziel der Angreifer, konnte allerdings nicht bezwungen werden. Dennoch mußte Sören Norby kurze Zeit später seine Herrschaft über Gotland abtreten. Er ging dann als Kondottiere nach Oberitalien, wo er in den Wirren der Zeitläufte verschwindet.

Gotland in der Neuzeit

1566 ereignete sich vor Visby eine der größten Schiffskatastrophen auf der Ostsee. Seit 1563 herrschte zwischen Schweden und Dänemark wieder einmal Krieg, der unter der Bezeichnung "Nordischer Siebenjähriger Krieg" in die Geschichte einging. Mehrere Schiffe einer dänisch-lübischen Flotte, die gegen Schweden operierte, wurden auf der Reede vor Visby in der Nacht vom 28. auf den 29. Juli von einem schweren Sturm überrascht. 15 Schiffe (darunter drei aus Lübeck) kenterten und sanken. Ungefähr 6.000 Matrosen und Soldaten sollen dabei ertrunken sein, unter ihnen auch drei Admirale. Einer von ihnen war der Bürgermeister von Lübeck und Admiral der Flotte, Bartholomäus Tinnapfel. In der Domkirche in Visby hängt ein prächtiges Epitaph, das seiner gedenkt.

Die dänische Herrschaft war für Gotland eine Zeit des Niederganges, sowohl ökonomisch als auch kulturell. Spätestens mit Auftreten Erichs von Pommern und dem Bau seiner Zwingburg in der Stadt, die den einst reichen und mächtigen Bürgern Visbys deutlich vor Augen führte, wer nun das Sagen hatte und welcher Mittel er sich bedienen würde, wenn man sich ihm widersetzte, nahm dieser Niedergang seinen Anfang. Und unter dem aussaugerischen Regime der Axelssons, Norbys und anderen waren die gotländische Bauernrepublik und die einstige Bedeutung Visbys als stolze und freie Hansestadt für die Bewohner nur noch eine dunkle Erinnerung.

Gotland wieder schwedisch

Nach beinahe 300jähriger dänischer Herrschaft fiel Gotland 1645 im **Frieden von Brömsebro**, dem damaligen Grenzort zwischen Schweden und Dänemark einige Kilometer südlich von Kalmar, an Schweden zurück. Schweden führte damals während des Dreißigjährigen Krieges erfolgreiche Feldzüge auf dem Kontinent, während Dänemarks unglückliches Eingreifen in diesen Krieg 1629 in einer schweren Niederlage gegen Wallensteins Truppen endete. Das erschöpfte Land konnte danach keine ausreichenden Truppen mehr aufstellen und wurde leichte Beute der schwedischen Militärmacht.

Schweden beherrschte zu jener Zeit auch das Baltikum, und Gotland kam somit eine große strategische Bedeutung zu, während die Insel aus wirtschaftlicher Sicht eher eine Belastung für Schweden war. Es wurden zwar umgehend einige Wirtschaftsreformen in Gang gesetzt, doch der Erfolg ließ auf sich warten. Das hing nicht zuletzt damit zusammen, daß Gotland nach dem Thronverzicht der schwedischen Königin Christina im Jahre 1654 dieser als Unterhaltsland zugesprochen wurde. Das bedeutete, daß die Erträge aus dem gotländischen Wirtschaftsleben der ehemaligen Königin, die sich, nachdem sie zum Katholizismus übergetreten war, nach Rom zurückgezogen hatte, zuflossen (bis zu ihrem Tod im Jahre 1689). Der schwedische Staat hatte deshalb in dieser Zeit kein sonderlich starkes Interesse an einer Verbesserung der gotländischen Wirtschaftskraft.

Auch blieb die Insel nicht vom Krieg verschont. 1676 wiederholte eine dänische Streitmacht den Eroberungszug Waldemar Atterdags, als es wiederum zu einem dänisch-schwedischen Krieg gekommen war. Die Dänen konnten sich bis 1679 auf Gotland halten, mußten es dann aber an die schwedische Krone zurückgeben. Bevor die dänische Garnison Visby verließ, sprengte sie aber die Festung Visborg so gründlich in die Luft, daß von ihr kaum etwas übrigblieb.

Auch während des sog. **Großen Nordischen Krieges** (1700-21), der hauptsächlich zwischen Schweden und dem russischen Zarenreich ausgetragen wurde, war Gotland von Kriegshandlungen betroffen. Nach der vernichtenden Niederlage des schwedischen Königs bei Poltava im Jahre 1709 konnte die russische Kriegsflotte nahezu ungehindert in der Ostsee operieren. Das führte auch wiederholt zu Überfällen russischer Geschwader an der gotländischen Ostküste, die mit Plünderungen und Gefangennahmen einhergingen. Dieser unsichere Zustand währte bis 1720.

Neue Blüte

Nach dem **Friedensschluß zu Nystad** 1721 begann für die Insel eine nahezu **hundertjährige Friedensperiode**, in der die Wirtschaft ab der Jahrhundertmitte eine neue Blüte erlebte. Es waren hauptsächlich die drei folgenden Faktoren, die hierzu beitrugen: Holz, Kalk und Handels- und Schiffahrtsprivilegien für die Visbyer Kaufmannschaft.

Die ständig gestiegene Nachfrage nach Baumaterial, sowohl für den Hochbau (Holz, Kalk) als auch für den Schiffbau (Holz, Teer) in den großen Städten des westlichen und südlichen Ostseeraumes sowie in Westeuropa veranlaßte die Visbyer Kaufmannschaft zu Investitionen in die Anlage von Produktionsstätten auf der Insel, die dieser Nachfrage entsprechen konnten.

Das führte im Laufe des 18. Jahrhunderts zur Errichtung von zahlreichen Sägemühlen, sowohl mit Wasser- als auch mit Windkraft betrieben, die den scheinbar unerschöpflichen Baumbestand der Insel in Bretter, Balken etc. umwandelten, sowie zum Bau von Kalköfen, in denen der leicht zugängliche Kalkstein zu Kalk gebrannt wurde.

Zwar hatte es auch schon im Jahrhundert zuvor einzelne solcher Anlagen gegeben, doch die Verarbeitung der gotländischen Rohstoffe in großem Stil, sozusagen auf frühindustrielle Art und Weise, setzte erst in der zweiten Hälfte des 18. Jahrhunderts ein. Noch heute findet man vielerorts Hinterlassenschaften in Form von Mühlen in unterschiedlichstem Erhaltungszustand und ehemaligen Kalköfen. Die verschiedenen Bauausführungen dieser Kalköfen, die man vor allem im Norden und an der Ostküste Gotlands findet, zeigen deren technische Weiterentwicklung (☞ Orte und Sehenswertes: Bläse Industriemuseum, Kyllaj).

Der Raubbau am gotländischen Wald - die Bäume brauchte man nicht nur zur Herstellung von Bauholz und Teer, sondern auch als Energiequelle für die Kalkherstellung - nahm gegen Ende des 18. Jahrhunderts solche Ausmaße an, daß sich die Regierung genötigt sah, den Holzeinschlag zu quotieren. Diese Beschränkungen wurden aber von den Unternehmern selten befolgt. Erst die Einführung der Kohle zum Brennen des Kalksteins führte zu einer Erholung des Waldbestandes. Von dem großen Laubholzbestand des Mittelalters war aber kaum etwas übriggeblieben. Der Wald bestand (und besteht) nun in der Hauptsache aus Nadelwald.

Der Gewerbezweig, der neben der Ausbeutung der Rohstoffe die Wirtschaft der Insel in der zweiten Hälfte des 18. Jahrhunderts ankurbelte, war die Schiffahrt. Bis etwa 1750 erfolgte der Export der gotländischen Produkte fast ausschließlich durch von ausländische Reeder. Allmählich investierten dann die durch den Rohstoffhandel zu Geld gekommenen Großkaufleute Visbys ebenfalls in die Schiffahrt und wurden zu Reedern. Schon 20 Jahre später beherrschten sie die gotländische Schiffahrt.

Einige dieser Reedereien brachten es zu erstaunlicher Größe. An erster Stelle zu nennen ist in diesem Zusammenhang das Handelshaus Donner, das zwischen 1750 und 1805 insgesamt 105 Schiffe besaß, die in Trampfahrt bis ins Mittelmeer und sogar nach Südamerika fuhren.

Das große, gelbe Haus am Donnersplatz in Visby war die Zentrale dieser für gotländische Verhältnisse einzigartigen Firma. Noch heute ranken sich etliche Geschichten um die Inhaber dieses Handelshauses.

Die neueste Zeit

Der Aufschwung, den das 18. Jahrhundert mit sich brachte, prägte das Wirtschaftsleben noch einige Jahrzehnte in das 19. Jahrhundert hinein. Durch die fortwährende Ausbeutung der gotländischen Rohstoffe und die jetzt einsetzende Trockenlegung vieler Feuchtgebiete zur Gewinnung von Ackerland erfuhr die gotländische Landschaft in dieser Zeit eine durchgreifende Veränderung.

Während des Krimkrieges lag 1854-56 im Fårösund, im Norden der Insel, eine englisch-französische Flotte aus mehreren Dutzend Kriegsschiffen, die die östliche Ostsee kontrollierte. Durch die Anwesenheit von mehreren hundert fremden Soldaten und Seeleuten erlangten einige Kaufleute und Bauern der Insel schnellen Reichtum. Doch brachten die fremden Soldaten auch eine Choleraepidemie, die nicht nur unter dem Militär, sondern auch unter der Zivilbevölkerung Opfer forderte.

Nach der Mitte des 19. Jahrhunderts erlebte die gotländische Wirtschaft eine Zeit der Stagnation und Depression. Die Handelsschiffahrt ging dramatisch zurück, immer mehr Schiffe mußten von den Reedern verkauft oder stillgelegt werden. Nur der Kalk- und Sandsteinabbau erzielte noch einigermaßen Gewinn. Viele Gotländer wanderten in jener Zeit aus.

In den beiden **Weltkriegen** lag das zum neutralen Schweden gehörende Gotland mitten im Kampfgetümmel. Im Juli 1915 kam es zwischen der kurländischen und gotländischen Küste zu einem Seegefecht zwischen deutschen und russischen Kriegsschiffen, bei dem der deutsche

Minenleger "Albatross" von russischen Einheiten verfolgt und vor Östergarn an der mittleren Ostküste innerhalb schwedischer Hoheitsgewässer
zusammengeschossen wurde. Die überlebenden deutschen Marinesoldaten
wurden bis zum Ende des Krieges auf Gotland interniert.

Ernster war für die Gotländer ein Drama des Zweiten Weltkrieges,
als das Passagierschiff "Hansa" auf seiner routinemäßigen Tour von
Nynäshamn nach Visby in der Nacht zum 24. November 1944 durch ein
russisches U-Boot versenkt wurde. Dabei verloren über 80 Menschen ihr
Leben. Nach dem Krieg wurde von sowjetischer Seite stets hartnäckig
der Vermutung widersprochen, daß es ein russisches U-Boot gewesen
sei, das diese Tragödie verursacht hatte. Erst kürzlich wurden durch
Glasnost und Perestroika in russischen Archiven die Dokumente zugäng-
lich, die diese Vermutung bestätigen.

In den letzten Kriegswochen suchten Tausende von Flüchtlingen aus
dem Baltikum, die teilweise in winzigen Booten und im Dunkel der
Nacht übersetzten, Zuflucht auf der Insel. Viele von ihnen wurden auf
dem schwedischen Festland interniert und auf sowjetisches Verlangen hin
von Schweden an die UdSSR ausgeliefert, wobei es zu unzähligen tra-
gischen Szenen kam. Es ist dies eines der dunkelsten Kapitel in der
neuesten schwedischen Geschichte und alles andere als eine Ruhmestat
eines souveränen Staates.

Die Zeit seit 1945 brachte für die Bewohner Gotlands mit der Entwicklung des schwedischen Wohlfahrtsstaates einen steten Anstieg des
Lebensstandards. Die Landwirtschaft wurde zunehmend mechanisiert, die
Fertigungsindustrie schuf wohldotierte Arbeitsplätze und vor allem der in
den 1960er Jahren aufkommende **Massentourismus** wurde ein bedeutender Wirtschaftsfaktor.

Heute ist während der Sommersaison wenigstens jeder zweite Gotländer auf irgendeine Weise mit dem Tourismus verbunden. Am augen-
fälligsten wird das im Sommer bei einem Gang durch die engen Straßen
Visbys, wo sich ein Lokal oder Kunsthandwerksgeschäft an das nächste
reiht.

Immer mehr breiten sich vor allem die Boutiquen und Marktstände
aus, wo auf der Jagd nach schnellem Geld vorwiegend von Nicht-
gotländern allerlei Schnickschnack und Tand aus Fernost dem ahnungs-
losen Touristen überteuert feilgeboten wird, der es auch eifrig zu kaufen
scheint. Ansonsten wäre die Masse dieser Verkaufsstände nicht zu er-
klären. Am Ende der Saison, d.h. gewöhnlich in der zweiten August-
hälfte, verschwinden diese obskuren Geschäftemacher ziemlich bald aus

dem Stadtbild, allerdings nicht ohne zu versuchen, den Rest ihrer Ware zu Ramschpreisen, die nicht selten um 70 bis 80% unter dem Preis der Vorwoche liegen, noch loszuwerden.

Anders die Läden, in denen gotländisches Kunsthandwerk angeboten wird. Traditionspflege wird auf Gotland besonders groß geschrieben und Althergebrachtes wird hier in modernem Rahmen bewahrt. Altes gotländisches Handwerk (Weben, Holzschnitzen, Töpfern, Drechseln, Stricken und Schmieden) wurde zur Grundlage eines lukrativen, auf den Tourismus ausgerichteten Gewerbes. Überall auf der Insel wird der Reisende zum Besuch der entsprechenden Läden (*Hemslöjd* = Kunsthandwerk) animiert, der sich immer lohnt, auch wenn man nichts erstehen will. Sehenswert sind in diesem Zusammenhang insbesondere die vielen, meist sachkundig restaurierten, jahrhundertealten Bauernhöfe, auf denen die Handwerkstraditionen gepflegt werden (*Bygdegård* = Heimatmuseum).

Der noch immer ansteigende Touristenstrom wird der gotländischen Natur zunehmend zur Bedrohung. Überall wachsen Ferienhäuser, Zweitwohnungen, Campingplätze und alle denkbaren Arten von Freizeitanlagen aus dem Boden, die während der kurzen Sommersaison schnelles Geld bringen sollen.

Neue Straßen werden angelegt, bestehende immer mehr ausgebaut, damit auch jedes größere Auto oder Wohnmobil direkt an die Strände oder Kultur- und Natursehenswürdigkeiten heranfahren kann und die Passagiere sich nicht längeren, "strapaziösen" Fußmärschen unterziehen müssen.

Die Refugien für die Pflanzen- und Tierwelt werden dabei immer kleiner. Und selbst in die geschützten Naturgebiete dringen immer häufiger Windsurfer und Segler ein. Dies alles ist eine negative Entwicklung, die nicht nur gotlandtypisch ist, sondern auch in all den anderen Gegenden Europas (und leider auch zunehmend in Skandinavien) anzutreffen ist, die mehr und mehr vom Massentourismus erschlossen werden.

Reise-Infos von A bis Z

Alkohol

Der Alkoholverkauf ist in Schweden streng reglementiert. Starkbier, Wein und Spirituosen gibt es nur in den staatlichen Geschäften (*Systembolaget*), die den Charme einer Apotheke ausstrahlen. Verkauft wird nur an Personen über 20 Jahre. Die Preise sind sehr hoch; trinkbarer Wein kostet umgerechnet mindestens DM 15 pro 0,7-l-Flasche.

In den Läden liegt eine Broschüre über alle im Geschäft erhältlichen Biere, Weine und Spirituosen sowie die Adressen aller staatlichen Verkaufsstellen (es gibt sie nicht an jedem Ort) aus. In dieser Liste sind auch die jeweils aktuellen Preise angegeben, man sollte daher auf jeden Fall vorher hineinschauen. Ausgenommen aus dieser restriktiven Verkaufspolitik ist lediglich Leichtbier der Klassen I und II (um 2 Volumenprozent), es kann in Lebensmittelgeschäften und Supermärkten gekauft werden.

In Lokalen und Restaurants gibt es zwar auch Alkoholausschank, allerdings gewöhnlich nur im Zusammenhang mit Mahlzeiten und dann auch sehr teuer (so kostet ein Glas 0,5 l "kontinentales" Bier rund Skr 40!) Ausgenommen wiederum Leichtbier.

Systembolaget gibt es in ...

♦ **Visby**: Österväg 3 (Östercentrum) und Stora Torget (Marktplatz).
♦ **Hemse**: Järnvägsgatan 9.
♦ **Slite**: Tullhagsplan 1.
♦ **Klintehamn**: Verkstadsgatan 2.

🗓 Mo bis Fr gewöhnlich bis 18:00. Sa, So und an Feiertagen geschlossen.

Allemansrätt

In Schweden hat jedermann das Recht, sich frei und ungehindert in der Natur aufzuhalten, egal, wem der Grund und Boden gehört, auf dem man sich befindet. Dieses Recht heißt im Schwedischen *Allemansrätt* (Jedermannsrecht).

Es ist erlaubt, im Gelände frei umherzulaufen, Rad zu fahren, Ski zu laufen etc. - außer auf Hausgrundstücken, Gärten, bestellten Äckern, Nutzwiesen und solchen Gebieten, die zum Schutz für die Tierwelt ausgewiesen sind. Man darf ferner im Boot Seen und Flüsse befahren, an den Ufern anlegen und festmachen, an Stränden und Ufern baden, überall ohne besondere Erlaubnis einen Tag zelten. Gruppen müssen allerdings die Erlaubnis des Grundeigentümers einholen.

Man darf mit herumliegenden Ästen und Reisig Feuer machen, sofern keine Brandgefahr besteht oder es nicht ausdrücklich verboten ist.

✋ Auf Gotland gelten für die **Raukargebiete** besondere Bestimmungen. Sie besagen, daß diese von der Natur geschaffenen Sehenswürdigkeiten nicht zerstört oder beschädigt werden dürfen, sei es vorsätzlich oder fahrlässig durch Lagerfeuer, Umherkraxeln, Fahrzeuge etc. Hier dürfen nur die ausgewiesenen Wege befahren und Parkplätze für Auto und Wohnwagen bzw. Wohnmobil zum Aufenthalt benutzt werden.

Grillen

Hier sollte man größte Vorsicht walten lassen. Das schwedische Jedermannsrecht gestattet nicht, daß man nach Lust und Laune zündeln darf. Im Sommer herrscht gewöhnlich große **Waldbrandgefahr**, und es drohen harte Strafen.

An- und Abreise

Eine direkte **Schiffsverbindung** vom Kontinent nach Gotland gibt es nicht. Man muß also bei Anreise mit Auto oder Bahn auf jeden Fall zunächst nach Südschweden übersetzen, wobei es mehrere Möglichkeiten gibt:

🚂 Der **Bahnreisende** wird sicherlich in den allermeisten Fällen die Vogelfluglinie via Helsingør und Helsingborg benutzen, da sie die häufigste Zug- und Fährschiffrequenz bietet und zudem keine langwierige Schiffspassage aufweist.

Wer ohne eigenes Auto ganz schnell Südschweden erreichen will, kann von Kopenhagen mit dem **Tragflächenboot** nach Malmö übersetzen. Es gibt vom Bahnhof in Kopenhagen aus Busverbindungen zur Fähre.

Von Berlin aus bietet sich der Weg nach Saßnitz auf Rügen oder nach Warnemünde und von dort mit der **Fähre** weiter nach Trelleborg an.

✈ Eine direkte Flugverbindung von Deutschland nach Gotland gibt es zur Zeit nicht.

Innerhalb Schwedens kann man außerordentlich günstig fliegen. Ermöglicht wird dies durch *Linjeflyg*, eine Tochtergesellschaft der *SAS*. Die schwedischen Inlandsflüge werden vom internationalen Stockholmer Flughafen Arlanda durchgeführt. Dadurch gehen Umsteigen und Abfertigung relativ schnell.

Autoreisende haben eine große Auswahl an Möglichkeiten, um Südschweden zu erreichen.

Da der Konkurrenzdruck der verschiedenen Fährschiffreedereien groß ist, sollte man, bevor man sich für eine Route entscheidet, aktuelle Informationen einholen, denn immer wieder gibt es Sonder- oder Spezialangebote, die den normalen Fahrpreis senken (während der Hauptsaison natürlich nicht so häufig wie in der Vor- bzw. Nachsaison).

Fährt man während der Hauptsaison, ist es dringend angeraten, die ausgesuchte Fährpassage rechtzeitig zu buchen, um dadurch lästige Wartezeiten in den Häfen zu vermeiden. Dies gilt auch für die Gotlandfähren. In der Regel dürfte einer der drei südschwedischen Orte Trelleborg, Helsingborg oder Göteborg Ankunftshafen für den **Autoreisenden** sein. Um nach Gotland zu gelangen, muß man von hier aus Südschweden durchqueren.

Fährverbindungen nach Gotland

Während der Hauptsaison (Anfang Juni bis Ende August) verkehren zwischen **Oskarshamn** und Visby, bzw. **Nynäshamn** und Visby zweimal am Tag Fährschiffe. Während des übrigen Jahres werden Oskarshamn und Nynäshamn nur einmal täglich angelaufen.

Nynäshamn dürfte nur für denjenigen interessant sein, der aus Stockholm, Mittelschweden oder Norwegen anreist. Mit dem Auto kann man diese Orte bequem auf gut ausgebauten Straßen erreichen.

Schüler- und Studentenrabatt: Berechtigt zum **Sparpreis** für sämtliche Überfahrten außerhalb der Hochsaison, während der der reguläre Fahrpreis zu bezahlen ist. Nur gegen Vorlage eines gültigen Schüler- oder Studentenausweises!

Autofahren

Autofahrer sind in Schweden gesetzlich verpflichtet, zu jeder Tageszeit mit Abblendlicht zu fahren. Ebenso ist das Anlegen von Sicherheitsgurten zwingend vorgeschrieben. Auf allen schwedischen Straßen gelten

Geschwindigkeitsbegrenzungen, je nach Charakter der Straße 70 bis 110 km/h, in Ortschaften 50 km/h. Die zulässige Höchstgeschwindigkeit ist im allgemeinen ausgeschildert. Die Strafen beim Übertreten sind recht empfindlich. Alkohol am Steuer wird in der Regel hart bestraft - hohe Geldstrafen, bei Unfällen sogar Gefängnis. Die Polizei kann auf Verdacht Blutproben veranlassen.

Auf **Fußgänger** ist (vor allem bei Dunkelheit) besonders zu achten. Bei Unfällen, die von Fußgängern nicht grob fahrlässig verschuldet sind, wird diesen von der Justiz in der Regel Recht zugesprochen.

☺   Besonderes Augenmerk legt die Polizei bei **Verkehrskontrollen** auf Bereifung, Bremsen und Lichtanlage.

Pannen

Bleibt man mit dem Auto liegen, kann man den *larmtjänst* verständigen, der abschleppt oder kleinere Reparaturen durchführt (im Telefonbuch nachsehen, da regional unterschiedliche Nummern). Auch Tankstellen sind behilflich.

🚗 Autoverleih

Siehe Telefonbuch, blaue Seiten, Stichwort *biluthyrning*, oder bei Tankstellen informieren. Auto heißt auf schwedisch *bil*. Die Kosten für das Leihen eines Autos hängen natürlich in erster Linie von der Größe des gewünschten Wagens ab. Das Angebot reicht vom Kleinwagen bis zum Wohnmobil. Die einzelnen Verleihfirmen bieten eine recht unterschiedliche Modellauswahl, und die Mietpreise unterscheiden sich mitunter erheblich voneinander, so daß man die Angebote zunächst einmal vergleichen sollte, falls etwas Zeit zur Verfügung steht. In der Regel liegen die Kosten etwas über deutschem Niveau.

Banken

Föreningsbanken
◆   **Visby**: Södertorg 17; Österväg 3; Gråbo Centrum.
◆   Filialen in Burgsvik, Fårösund, Hemse, Klintehamn, Ljugarn, Roma, Slite und Stånga.

Handelsbanken
◆   **Visby**: Österväg 6; Adelsgatan 13.
◆   Filialen in Burgsvik, Fårösund, Hemse, Klintehamn und Slite.

PK-Banken
♦   **Visby**: Östercentrum.

Gothia-Sparbank
♦   **Visby**: Östercentrum.
♦   Filialen in mehreren Orten.

📖   **Schalterstunden** der Banken allgemein wochentags 9:30 bis 15:00. Einige haben dienstags oder donnerstags 16:30 bis 17:30 geöffnet. Jede Bank besitzt allerdings einen *Bankomat* (Geldautomat), wo man rund um die Uhr Bargeld abheben kann.

Bibliotheken

Gotlands Bibliothek (*Länsbibliotek*) ist die Hauptbibliothek in Visby am Österport, Hästgatan 24. Belletristik, Zeitungen, Zeitschriften (auch deutschsprachige), Wörterbücher, Nachschlagewerke etc.

♦   Wochentags 📖11:00 bis 20:00, samstags 10:00 bis 14:00, ☎ 269696.

Bildsteine

Einzigartige Überreste aus der Frühgeschichte der Insel. Sie lassen sich in drei Epochen einteilen: 5. Jahrhundert, die Zeit um 700 sowie das 11. Jahrhundert. Die ältesten Steine sind mit geometrischen Ornamenten geschmückt, mit einzelnen Mensch- oder Tierabbildungen. Die Steine aus der Zeit um 700, meist sehr monumental, stellen oft schwer zu deutende Episoden aus Sagen oder Skaldengedichten dar, mitunter auch Episoden und Ereignisse aus dem Leben eines Verstorbenen, dem der betreffende Stein gewidmet ist.

Die jüngeren Bildsteine, überwiegend aus dem 11. Jahrhundert, tragen Runeninschriften und Ornamente. Sie entsprechen den Runensteinen des skandinavischen Festlandes.

Nur wenige Bildsteine stehen noch auf ihrem ursprünglichen Platz. Die schönsten befinden sich im Historischen Museum in Visby (*Gotlands Fornsal*) und im Museum in Bunge (☞ Orte und Sehenswertes).

Viele findet man auch im Mauerwerk der gotländischen Landkirchen wieder, wo sie im Mittelalter als Baumaterial verwendet wurden. Man hat bisher über 300 Bildsteine auf der Insel gefunden.

✱   Zu den Bildsteinen ☞ Geschichte: Die Wikingerzeit.

Bootszubehör und Bootsverleih

Visby
- ♦ Fribergs Båtshop, Byrumsgatan, Södercentrum, ☎ 210463.
- ♦ Maskinhuset / AB E. Löwgren, Slitevägen 10, ☎ 216400.
- ♦ Miro Fritid, Träkumla (6 km südl. Visby), ☎ 214600.

Hemse
- ♦ Wallins, Gannarve, ☎ 480485.
- ♦ Hemse Skog & Maskin, Ronevägen 10, ☎ 480160.

Fårösund
- ♦ Mercurina, Strandvägen 7, ☎ 221662.

Diplomatische Vertretungen

... auf Gotland

Deutsches Konsulat
- ♦ Strandgatan 18, Visby, ☎ 217798. Konsul Herr Åke G. Sjöberg.

... in Deutschland

Schwedische Botschaft
- ♦ Heussallee 2-10, Haus 1, 53113 Bonn, ☎ 0228/260020, FAX 0228/223837.

Essen und Trinken

☕ Cafés

Die Cafés haben in der Regel Selbstbedienung. Man kauft am Tresen - neben Kuchen oder anderem Gebäck - eine Tasse Kaffee oder Tee und kann diese einmal nachfüllen (*påfyllning/påtår*). Der Preis liegt bei ungefähr Skr 10.

☺ Wenn man frühmorgens mit der Fähre vom schwedischen Festland kommt, hat man ab 6:00 die Möglichkeit, das Café im Österväg (ungefähr 100 m hinter dem Österport, direkt gegenüber vom Supermarkt *Åhléns Hemköp*) aufzusuchen. Ein weiteres befindet sich am Stora Torget bzw. direkt am Yachthafen.

Man kann sich allerdings auch nach Ankunft der Fähren in der Cafeteria der Fährstation aufhalten, muß dann aber mit einem Plastik- und Aluminiummilieu vorliebnehmen. Viele weitere Cafés öffnen zwischen 8:00 und 9:00. Besonders idyllisch ist das *S:t Hans Café* (am

S:t Hansplan), wo man draußen zwischen den Ruinen der S:t Hanskirche sitzen kann.

⚖ Reformkost, Ökoläden

Visby
♦   Tant Grön, Miljö- och Hälsobutik, Adelsgatan 3 B.
♦   Auch in der Einkaufspassage von Domus (Östercentrum) in Visby.

Stånga
♦   Hälsokostboden.

Einige typische Rezepte der gotländischen Küche
(von Michael Engelbrecht)

Wer Gotland besucht, sollte auch Bekanntschaft mit der gotländischen Küche machen, es lohnt sich. Im folgenden möchte ich nur einige Beispiele dieser Küche vorstellen.

Die gotländische Küche bietet für den kulinarisch Interessierten vor allem eine große Anzahl Lamm- und Schafgerichte, was nicht weiter verwundert (☞ Land und Leute: Die Tierwelt). Vor der vielleicht größten Spezialität unter diesen Gerichten sei sogleich gewarnt, wer einen empfindlichen Magen hat! Es handelt sich um **gegrillte Schafsschädel**, sicher nicht jedermanns Sache, von den Inselbewohnern aber hoch geschätzt. Eine andere Spezialität vom Lamm ist dem Besucher eher zu empfehlen: *Fårfiol*, die gesalzene, getrocknete und oft geräucherte Lammkeule, die kalt in dünnen Scheiben gereicht wird. Diese gibt es in fast allen Lebensmittelgeschäften der Insel.

Das Schönste aber, was dem Besucher widerfahren kann, ist, abends an einem Fest irgendwo an einem einsamen Platz an der Küste teilzunehmen und dort Lamm serviert zu bekommen, das über einem Holzkohlefeuer gegrillt wurde. Informationen über solche Veranstaltungen hält die Touristeninformation in Visby bereit.

In den zahlreichen kleinen Fischersiedlungen entlang der Küste kommt der Liebhaber von geräuchertem Fisch auf seine Kosten. Die Fischer bieten frisch **geräucherte Fische** aller Art an, z.B. Makrelen, Butt usw. Aber Vorsicht bei den Preisen, es empfiehlt sich zu handeln (wenn der Fischer mit sich handeln läßt und man ihn überhaupt versteht)! In einer dieser Siedlungen, in Gnisvärd, befindet sich übrigens ein kleines Café, dessen **Torten** sehr zu empfehlen sind.

Unter den gotländischen Nach- und Süßspeisen sticht der *Safranspannkaka* (Safranspfannkuchen) hervor, den es in fast allen Cafés der

Insel gibt. Hierbei handelt es sich um einen Milchreiskuchen, der nach folgendem Rezept zubereitet wird:

Safranspannkaka

3 Kaffeetassen Milchreis	1 Liter Wasser
1 Liter Milch	0,5 g Safran
etwas Sahne	100 g geschmolzene Butter
Bittermandelaroma	1 gestrichener Teelöffel Salz
1 Kaffeetasse Zucker	10 gerührte Eier

   Zuerst kocht man Milchreis in Wasser, bis dies eingekocht ist. Dann gibt man die Milch hinzu und läßt auch sie einkochen, bis ein fester Brei entsteht. Das ganze läßt man abkühlen, gibt den in Sahne gelösten Safran dazu und rührt ihn unter. Anschließend wird der Reis mit den übrigen Zutaten gut vermischt. Die fertige Masse wird auf ein Blech gefüllt und gebacken, bis sie eine goldene Farbe bekommen hat.
   Der Kuchen wird noch warm mit geschlagener Sahne und Marmelade aus wilden Brombeeren serviert.

   Ein interessantes Backwerk ist der *Gorån*. Für dieses Rezept benötigt man ein spezielles Werkzeug, eine Art altertümliches Waffeleisen. Dieses Eisen besteht aus zwei Backen, die wie bei einer Zange in zwei Stiele übergehen, die miteinander verbunden sind. Diese Stiele bilden den Griff. Zwischen die Backen des Eisens, die an der Innenseite verziert sind, wird der Teig gegeben.
   Ein solches Waffeleisen ist wohl am leichtesten bei einem Trödler auf der Insel zu bekommen, die Eisen werden aber mit zunehmendem Alter wertvoll und entsprechend teurer.

Gorån

1 Glas geschmolzene Butter	Weizenmehl
1 Glas Zucker	einige Tropfen Zitronenaroma
1 Glas Sahne	1 Glas Eigelb

   Die Zutaten werden zu einem Teig verknetet, wobei nur soviel Mehl verwendet werden darf, daß ein weicher Teig entsteht. Das Eisen wird dann in eine Feuerstelle gelegt und der Teig ausgebacken.

Die Insel hält noch eine weitere Spezialität bereit, die aber nur wenige Fremde jemals probiert haben, es sei denn, sie haben gute Kontakte zur Landbevölkerung. Es ist das von den Bauern der Insel gebraute **Bier**, *Gotlandsdricka* genannt, eher eine Kuriosität als eine Gaumenfreude, die weniger durch den Geschmack erfreut, als durch den Alkoholgehalt.

Hat man Gefallen an der gotländischen Küche gefunden, kann man im Museum in Visby eine Sammlung gotländischer **Rezepte** in deutscher Sprache erwerben. Wer zu Hause gotländisch kochen möchte, sollte sich in jedem Fall in einem Geschäft auf der Insel mit Senf, sog. *Gotlandssenf*, versorgen, der hervorragend zum Abschmecken von Saucen geeignet ist.

Geld

Die schwedische Währung ist in Kronen (Skr) und Öre unterteilt, 1 Krone = 100 Öre. Rechnungen, die auf 1 bis 4 Öre laufen, werden nach unten, die auf 5 bis 9 Öre nach oben abgerundet. Geld bekommt man auf Banken und Postämtern entweder durch Bargeldtausch oder durch Reise- und Euroschecks.

Abhebungen vom deutschen **Postsparbuch** sind auf allen Postämtern möglich. Inhaber österreichischer oder schweizerischer Postsparbücher dürften bzgl. des Geldabhebens die gleichen Möglichkeiten haben. Das Bezahlen mit **Kreditkarten** ist in Schweden allgemein üblich.

Geschäftszeiten

Werktags meist von 9:30 bis 18:00. Es gibt in Schweden aber keine festen Ladenschlußzeiten, so daß die Geschäfte - vor allem die großen Kaufhaus- und Supermarktketten - oft von 8:00 bis 20:00 oder gar bis 22:00 geöffnet haben. Viele haben auch an Sonn- und Feiertagen geöffnet.

Haustiere

Das Mitbringen von Haustieren - also vorwiegend Hunden und Katzen - ist jetzt möglich, denn die restriktiven Quarantänebestimmungen wurden aufgehoben. Allerdings gelten noch immer strenge Auflagen. Auf jeden Fall müssen die Tiere eine vom Tierarzt beglaubigte Tollwutimpfung bekommen haben, die nicht länger als ein Jahr und weniger als sechs Wochen vor der Einreise erfolgt ist. Das gilt auch für das Anlandbringen von Haustieren von Segelbooten aus.

Nähere Informationen bei:

◆ Statens Jordbruksverk, Smittskyddsenheten, S-55182 Jönköping, ☎ 0046/36/1555000, FAX 0046/36/115114.

📖 *Reisen mit dem Hund* von Gunther Treß. Conrad Stein Verlag, Kronshagen 1994, ISBN 3-89392-091-9, DM 22.

Information

Aktuelle Informationen, praktische Tips und Ratschläge, besonders auch bei der Suche nach einer Unterkunft etc., erhält man beim schwedischen Fremdenverkehrsbüro oder in den örtlichen Touristeninformationen bzw. Reisebüros.

... in Deutschland
Schwedisches Fremdenverkehrsbüro
◆ Schweden-Werbung für Reisen und Touristik - Next Stop Sweden, Lilienstr. 19, 20095 Hamburg, ☎ 040/330185, FAX 040/330599.

... auf Gotland
Visby
◆ Gotlands Turistförening, Hamngatan 4, Box 1403, 62125 Visby, ☎ 262125.
◆ Touristenbüro (Turistbyrån), Donnerska Huset, Donnersplats, ☎ 247065. Hier kann man auch vom Touristenverein veranstaltete Ausflüge buchen.
◆ Gotlands Turistcenter, Korsgatan 2 (beim Yachthafen), ☎ 279095. Während der Saison täglich 🕐 von 6:00 bis zur Ankunft der letzten Fähre. Buchungen während des ganzen Jahres. Deutschsprachiger Service.
◆ Gotlands Turistservice, Österport, ☎ 249050.
Slite
◆ Turistbyrå, Torget, ☎ 222463, 🕐 Mitte Juni bis Mitte Sept.
Ljugarn
◆ Bei der Ortseinfahrt, ☎ 493460, 🕐 Anfang Juni bis Mitte August.
Hemse
◆ Storgatan 65, ☎ 471090.
Burgsvik
◆ Hoburgsvägen 37, ☎ 497845.

Kinos

Kino heißt auf schwedisch *biograf* oder kurz *bio*. Meist werden die Filme im Original mit schwedischen Untertiteln gezeigt.

Visby
♦ Hansabio, S. Murgatan 45, ☎ 10983.
♦ Röda Kvarn, Mellangatan 17, ☎ 10181.

Garda
♦ Bygdegården, donnerstags.

Hemse
♦ Hemsegården.

Katthammarsvik
♦ Bydgegården, donnerstags, ☎ 52321.

Klintehamn
♦ Rondo.

Slite
♦ Slite Teater och Bio, Torget, ☎ 20360.

Medizinische Versorgung

Allgemeinärzte

Für akute Fälle diensthabender Arzt, ☎ Notruf 90000 für ganz Schweden (☞ Krankenhaus). Sonst im Telefonbuch, blaue Seiten, Stichwort *vårdcentral* (Ärztehaus) bzw. *läkare* (Arzt) oder *distrikts-läkare*.

Zahnärzte

Die Distriktszahnklinik in Visby nimmt akute Fälle bei Patienten nach telefonischer Anmeldung unmittelbar entgegen (☎ 90000).

Es gibt aber auch eine Reihe privat praktizierender Zahnärzte, deren Anschrift man dem Telefonbuch entnehmen kann (blaue Seiten, Stichwort *tandläkare*).

℞ Apotheken

Die Apotheken (*apotek*) sind in Schweden staatlich. Bei Vorlage eines Rezeptes zahlt man für ein Medikament nur eine Rezeptgebühr. Rezeptfreie Medikamente werden zum Ladenpreis verkauft, der gewöhnlich niedriger ist als in Deutschland.

In der Regel sind die Apotheken während der normalen Geschäftszeiten (werktags 9:30 bis 18:00) geöffnet.

Visby
- "Liljan", Österväg 7 (Östercentrum), ☎ 271841, wochentags ☐ 9:00 bis 19:00, samstags 9:00 bis 14:00, sonn- und feiertags 10:00 bis 14:00.
- "Lasarettet", S:t Göransgatan 5, ☎ 268861.
- "Rosen", Mässgatan 1, Gråbo, ☎ 214890.

Hemse
- Hemse vårdcentrum, Hagagatan 30, ☎ 480025, wochentags ☐ 9:00 bis 18:00, samstags 9:00 bis 13:00.

Klintehamn
- Verkstadsgatan 9, ☎ 241750, wochentags ☐ 9:00 bis 13:00, samstags sowie am Tag vor Feiertagen 9:00 bis 13:00.

Romakloster
- Visbyvägen 33, ☎ 204419, wochentags ☐ 9:00 bis 12:15, 13:15 bis 17:00, feiertags geschlossen.

Slite
- Tullhagsplan 2 A, ☎ 220342, wochentags ☐ 9:00 bis 12:30 und 13:30 bis 18:00, samstags 9:00 bis 13:00.

✚ Krankenhaus

- Visby, Lasarettgatan 1, ☎ 268000 (Vermittlung). Für akute Fälle 24 Stunden geöffnet; Notruf 90000 (*ambulans* verlangen).

Museen

☞ Orte und Sehenswertes.

- **Albatrossmuseum** in Östergarn (Überreste des gleichnamigen deutschen Minenkreuzers aus dem Ersten Weltkrieg).
- **Bläse**, Industriemuseum (Kalkindustriemuseum).
- **Bottarvegården**, südlich von Burgsvik (Bauernhof).
- **Bunge**, Kulturgeschichtliches Museum.
- **Burmeister-Haus**, Visby, Strandgatan 9 (Kaufmannshaus aus der Mitte des 17. Jahrhunderts. Ein Blockbohlenbau mit einzigartigen Wand- und Deckenmalereien im Innern).
- **Eisenbahn-Museum**, Dalhem.
- **Geologisches Museum**, Ljugarn (beim Strandrittermuseum am Hafen).
- **Gotlands Fornsal**, Visby (Kulturhistorisches Museum).
- **Gutaland**, Kneippbyn südlich von Visby.
- **Kattlunds gård**, Grötlingbo (Bauernhof aus dem 15. Jahrhundert).
- **Koviks Fischereimuseum**, nördlich von Klintehamn.
- **Lummelunda-Grotte und Mühlrad**, Lummelunda.

- **Naturkundemuseum**, Visby, Hästgatan 1.
- **Norrlanda Fornstuga**, Norrlanda (kleiner Bauernhof des frühen 18. Jahrhunderts).
- **Petes gård**, Hablingbo (Hof aus dem späten 18. Jahrhundert).
- **Strandritterhof in Kyllaj**
- **Strandritterhof und Zollmuseum in Ljugarn.**
- **Visby-Automuseum**, Visby, Brovåg.

Notfall

Für ganz Schweden **Notruf 90000**. Von jeder Telefonzelle aus möglich per Knopfdruck (roter, deutlich sichtbarer Knopf am Apparat) und Wählen der Nummer. Man sollte *ambulans* (Krankenwagen) oder *polis* (Polizei) verlangen.

Polizei

Notruf
in ganz Schweden ☎ 90000 (*polis* verlangen).

Polizeistationen
Visby
- Norra Hansegatan 2 B, ☎ 293500.

Hemse
- Tingåkersgatan 6, ☎ 480510.

Slite
- Storgatan 67, ☎ 220510.

Post und Telekommunikation

☎ Das schwedische **Telefonnetz** wird von dem Unternehmen *Telia* betrieben, das auch die Telefonzellen unterhält.

Selbstwählferndienst ins Ausland ist von den Telefonzellen aus möglich. Die meisten Automaten werden inzwischen mit Telefonkarten (z.T. auch nur mit Kreditkarten) betrieben, die man in Geschäften, auf der Post etc. erwerben kann.

Vorwahl nach Deutschland 00949 - auf Ton warten - dann Ortsnetz-kennzahl ohne die Null und Anschluß wählen.

Beispiel: 00949 (auf Ton warten) 431/1161 (so erreicht man die Toto-ansage in Kiel).

✱   Die nationale **Vorwahl für ganz Gotland** lautet: 0498.

☎   Auf schwedischen **Postämtern** kann man nicht telefonieren, da die Post und *Telia* jeweils eigenständige Unternehmen sind.

Öffnungszeiten	wochentags		samstags
Visby 1, Norra Hansegatan 2 A	9:30-18:00		10:00-12:00
Visby 2, Södercentrum	10:00-18:00		geschl.
Visby 5, Vibble	9:00-12:00	15:30-17:30	10:00-12:00
Visby 6, Gråbo Centrum	9:00-18:00		geschl.
Burgsvik (Mo-Mi, Fr)	10:00-12:00	14:00-16:00	geschl.
(Do)		15:00-17:00	
Dalhem (im ICA-Geschäft)	9:00-11:00	15:30-17:30	geschl.
Fårösund, Kronhagsvägen 31	9:30-17:00		geschl.
Havdhem (im ICA-Geschäft)	10:30-12:30	14:30-16:30	geschl.
Hemse, Storgatan 46	9:00-17:00		10:00-12:00
Klintehamn, Donnersgatan 1	9:00-12:30	14:00-17:30	10:00-12:00
Ljugarn (Mo-Mi, Fr)		13:00-15:30	geschl.
(Do)			15:00-17:30
Lärbro	9:30-11:00	14:00-17:30	geschl.
Romakloster, Visbyvägen 35	9:30-13:00	14:00-17:30	10:00-12:00
Slite, Tullhagsplan	9:00-17:30		10:00-12:00
Stånga (im ICA-Geschäft)			

Sport und Hobby

🚲 Fahrradfahren

Für **Fahrradtouren** ist Gotland ideal geeignet. Es gibt einen um die ganze Insel führenden ausgeschilderten Kurs *(Gotlandsleden)*, der sich vorwiegend an kleinere Straßen und Wege hält. Wo dies nicht möglich war, wurden Radfahrwege angelegt. Er ist insgesamt ca. 350 km lang und bietet die Möglichkeit einer ein- bis zweiwöchigen Radtour, bei der man die Insel vollständig kennenlernen kann. Der Weg ist mit dem Gotlandsleden-Zeichen ausgeschildert.

☺   Die Karte *Cykel & Turistkarta Gotland,* auf der der Gotlandsleden eingezeichnet ist, ist sehr nützlich.

🚲 Fahrradverleih (*cykeluthyrning*), Fahrradreparatur

Visby
- Gotlands Cykeluthyrning "Hyr Hoj Här", direkt am Hafen.
- Turistcenter, Korsgatan 2, beim Yachthafen.
- Visby Hyrcykel, Österport.
- Team Sportia, Österväg 17.

Fårösund
- Fårösunds Cykel, Fårövägen 34.

Slite
- Slite Cykel & Motor, Stationsgatan 2.
- Slite Sport & Fritid, Storgatan 70.

Klintehamn
- Klinte Bil & Cykel, Norra Kustvägen 17.

Hemse
- Hemse Skog- & Maskin, Ronevägen 10.

Burgsvik
- Bertil Norrby, Hoburgsvägen 24.

〰️ Schwimmhallen

Visby
- Solbergabadet, Skolportsgatan 4, 62145 Visby. 12.6. bis 11.8.: Mo bis Fr 🕐 10:00 bis 20:00 (zusätzlich Sa 9:00 bis 14:00 vom 27.8. bis 10.6.). Allgemeinbaden: Mo, Mi, Fr 14:30 bis 18:00; Di, Do 14:30 bis 20:00; Sa 9:00 bis 14:00. Erwachsenenbaden: Mo 18:00 bis 20:00. Schwimmhalle, Sauna, Duschen. Kasse schließt 1 Std. vor Schluß.

Romakloster
- Romabadet, 62023 Romakloster. Ganzjährig: Di und Fr 🕐 16:00 bis 20:00, Do 18:00 bis 21:00. Kasse schließt 30 Min. vor Schluß.

Hemse
- Hemsebadet, 62012 Hemse. Sommersaison: Mo 🕐 14:00 bis 18:00, Di 14:00 bis 20:00, Mi 14:00 bis 21:00, Fr 14:00 bis 20:00. Kasse schließt 45 Min. vor Schluß.

🏸 Squash

Visby
- Visborgshallen, Visborgs Soldathem, Langes väg 2.

🎣 Sportfischen und Angeln

Die gotländische Küste bietet insgesamt hervorragende Möglichkeiten für die Ausübung des Angelsports. Die strandnahe Hakenfischerei (innerhalb 300 m Strandzone) ist zwar angelscheinfrei und somit kostenlos, doch muß von Ausländern eine behördliche Genehmigung eingeholt werden. Diese wird von der Touristeninformation vermittelt. Dort erhält man auch aktuelle Informationen über etwaige Besonderheiten, Änderungen, Einschränkungen etc. Außerhalb der 300 m Strandzone unterliegt die Sportfischerei keinen behördlichen Einschränkungen.

Die am häufigsten vorkommenden Beutefische sind Forelle, Hecht, Aal, Dorsch, Barsch und neuerdings wieder Lachs, aber auch Friedfische wie Plötze, Hering, Flunder etc. Forellen sind besonders von März bis Juni anzutreffen, wenn das Ostseewasser noch recht kühl ist, vor allem an den Steilküsten im Nordwesten der Insel. Hecht kann, abgesehen von der Schutzzeit (25.4. bis 15.5.) besonders in seichteren Küstengewässern auf der Ostseite der Insel gefangen werden, ebenso Barsch. Dorsch ist rund um die Insel anzutreffen. Man kann ihn zwar auch vom Ufer aus fischen, erfolgreicher jedoch angelt man ihn vom Boot aus.

Für die Sportfischerei entlang der gotländischen Küste gilt es, zwei Gebiete zu beachten, in denen das Angeln nur mit **Angelschein** (*fiskekort*) erlaubt ist. Für das Revier um Slite wird der Schein im Slite Hotell bzw. in Sportgeschäften des Ortes verkauft, für dasjenige um Kovik kann man ihn bei Helmer Larsson im Ort erwerben. Im übrigen kann in diesen Fällen auch das Touristenbüro weiterhelfen.

Während der Sommersaison kann man von folgenden Orten aus an organisierten **Fischtouren** auf der näheren Ostsee teilnehmen: Von Visby, vom inneren Hafen aus, morgens Di, Mi, Do, Fr 8:00 bis 10:00, abends täglich außer Sa ab 18:30. Auf Bestellung werden Extratouren durchgeführt. Geräte befinden sich an Bord. Des weiteren gibt es Touren von Klintehamn und Djupvik So bis Fr 18:00 bis 21:00 (beide an der Westküste), von Herrvik und Slite (beide Orte an der Ostküste). Aktuelles hierzu im Touristenbüro erfragen!

☞ Folgende **Besonderheiten** gilt es zu beachten: Das Fischen von Lachs und Forelle ist zwischen 1. Oktober und 31. Dezember in allen Wasserläufen, die in die Ostsee münden, sowie innerhalb eines Radius von 500 m um ihre Mündung verboten. Dies betrifft vor allem die Mündungsgebiete von Lummelunda, Ihreån, Arån, Hultungsån, Bångån, Vikeån, Gothemsån, Gartaveån, Halsegårdaån und Svajdeån. Das Angeln in den gotländischen Binnengewässern ist angelscheinpflichtig. Auskünfte hierüber erhält man wiederum im Touristenbüro.

Mindestmaße der Fische: Lachse 60 cm, Forelle 35 cm, Hecht 40 cm. Gefangene Fische, die diese Mindestmaße nicht besitzen, sollten schleunigst wieder ausgesetzt werden, was für einen Sportangler sicherlich eine Selbstverständlichkeit sein dürfte.

Für den Angelfreund interessant sind sicherlich auch die typischen gotländischen **Fischersiedlungen**, die rund um die Insel idyllisch gelegen sind. Hier kann man leicht Kontakt zu einem einheimischen Berufs- oder Sportfischer knüpfen, was nicht selten die Möglichkeit zu gemeinsamer Fangfahrt eröffnet.

Diese traditionsreichen Fischersiedlungen, gewöhnlich bestehend aus ein, höchstens zwei Dutzend kleinen Holzhäuschen, heißen *Fiskeläge*. Einige der schönsten sind: Själsö (ca. 10 km nördlich von Visby am nördlichen Ende des Naturschutzgebietes Brucebo), Lickershamn (rund 30 km nördlich von Visby; hier befindet sich auch ein schönes Raukargebiet), Hallshuk (an der Nordspitze Gotlands; auch hier gibt es *raukar*), Herrvik (bei Östergarn, Mitte der Ostküste), Sysne (bei Gammelgarn,), Sjaustru (etwa 2 km weiter; zwischen diesem Ort und Ljugarn liegt ein schönes Raukargebiet, teilweise im Strandwald und mit bis zu 5 m hohen *raukar*), Kappallet (bei Här), Tomtebod (ca. 2 km nordöstlich von Ronehamn), Djauvik/Djupvik (an der Westküste bei Eksta, ca. 12 km südlich von Klintehamn), Kronvald (ca. 2 km südlich von Djauvik), Kovik (ca. 5 km nördlich von Klintehamn, hier befindet sich auch ein Fischerei-Freilichtmuseum), Gnisvärd (bei Tofta, ca. 15 km südlich von Visby).

Für die Lebensmittelversorgung der Gehöfte und als Nebenerwerb spielte die Seefischerei, die regelmäßig von den Gehöften der umliegenden Kirchspiele betrieben wurde, früher eine bedeutende Rolle. Heute dienen diese Fischersiedlungen in erster Linie der Freizeitfischerei.

 ## Tauchen

Visby
◆   Tauchmaterial: Dykcenter, S:t Göransgatan 18, Visby, ☎ 211013.

Theater

Visby
◆   Bryggeriteatern, Bredgatan 8, ☎ 278604 (aktuelles Programm über Touristenbüro zu erfragen; Donnerplats).

Toiletten, öffentliche

Visby
◆   Botanischer Garten, am Hafen, vor dem Osttor (Österport), Wallérs plats, am Donnersplats (Durchgang zum Park).

Transportmittel

 ## Bus

In Visby gibt es ein Stadtbusnetz, das die äußeren Stadtteile mit den Innenstadtbereichen sowie die Innenstadt mit Hafen und Flugplatz verbindet. Die Busse tragen die Bezeichnung *Stadstrafik*. Die Linien kreuzen sich an der großen Bushaltestelle beim Östercentrum direkt am Osttor (Österport) der alten Stadtmauer.

Daneben gibt es ein die ganze Insel abdeckendes Busnetz *Länstrafik*, das etwas weiter südlich hiervon bei der Stadtmauer zusammenläuft (Busstation).

Die Tarife sind nach Entfernung gestaffelt (von Skr 10 an aufwärts, Kinder bis 6 Jahre frei, bis 16 Jahre 50 % Ermäßigung). Man kann aber auch eine *Länskort* für Skr 340 erstehen, die zu unbegrenzter Anzahl von Busfahrten auf der ganzen Insel für 30 Tage berechtigt. Für Visby gibt es eine 30-Tage *Visbykort* (Skr 180) und für Visby und Umgebung eine entsprechende *Förortskort* (Skr 255).

Die Fahrkarten (*biljett*) erhält man beim Busfahrer. Einen Fahrplan und eine Linienübersicht erhält man kostenlos bei den Touristen- und Reisebüros, wo man auch die 30-Tage-Tickets bekommt.

☺ Die Überlandbusse kann man außerhalb geschlossener Ortschaften am Wegesrand anhalten, vorausgesetzt man gibt dem Busfahrer eindeutige Zeichen. Auch Fahrräder können von den Überlandbussen befördert werden (kostet Skr 12).

Flugzeug

Von Visby aus sind per Flugzeug 32 Städte in Schweden erreichbar. Die Preise sind relativ niedrig, besonders zu bestimmten Tageszeiten. Auskünfte erhält man im Touristenbüro oder in Reisebüros. Der Flugplatz befindet sich etwa 4 km nördlich von Visby an der Straße 149.

Taxi

- Gute Taxi, ☎ 444444.
- Taxi Gotland, ☎ 200200.
- Taxi Visby, ☎ 207070.
- Slite Taxi, ☎ 220088.

Verzeichnis der Buslinien (Sommerverkehr)

Unterkunft

Der Fremdenverkehr spielt im Wirtschaftsleben der Insel eine große Rolle. Abgesehen von Campinganlagen und Ferienhäusern wohnen die meisten Urlauber in privaten Unterkünften, die meist von *Gotlandsresor* oder von den Touristenbüros vermittelt werden und um die man sich schon einige Monate vor dem geplanten Aufenthalt bemühen sollte.

☞ Hotels und Pensionen

Hotels und Pensionen sind natürlich teurer als die Campingplätze und Ferienhäuser, bieten dafür allerdings die Möglichkeit, noch kurzfristig eine feste Unterkunft zu bekommen. Buchung über *Gotlandsresor* bzw. die Reise- oder Touristenbüros.

Visby
- Almedalens Lägenhetshotell, Strandvägen 8, ☎ 271866.
- Donners Plats Hotell, Donners Plats 6, ☎ 214945.
- Fridhem, 6 km südlich Visby, ☎ 296018 oder 264010.
- Gula Villan, Hamnen, Buchung: Gotlandsresor, ☎ 201020.
- Gute Hotell, Mellangatan 29, ☎ 248080.
- Hamnhotellet, Färjeleden 3, ☎ 201250.
- Kneippbyns Pensionat, ☎ 296150.
- Lindgården, Strandgatan 26, ☎ 218700.
- S:t Clemens Hotell, Smedjegatan 3, ☎ 279575.
- Snäckhagens Stugor, Lummelundsväg, ☎ 213639.
- Solhem Hotell, Solhemsgatan 3, ☎ 279070.
- Strand Hotell, Strandgatan 34, ☎ 212600.
- Villa Borgen, Hotell, Adelsgatan 11, ☎ 279900.
- Wisby Hotell, Strandgatan 6, ☎ 204000.

☞ Karte Seite 78/79.

Gotlands Westen
- Gannarve Gård, Fröjel, ☎ 244076, ⬜ Juni bis 15. August.
- Smågårde Hotell & Pensionat, Tofta, ☎ 265006, ⬜ 1.5. bis 15.9.
- Tofta Strandpensionat, Tofta, ☎ 297060.
- Toftagården, Tofta, ☎ 297000.
- Björkhaga Semesterhem, Björkhaga, ☎ 240229, ⬜ 1.4.-31.10.
- Varvsholm, Pensionat, Klintehamn, ☎ 240010, ⬜ 30.4.-31.8.

Gotlands Süden
- Björklunda Värdshus, Björklunda, ☎ 497190.
- Holmhällar, Pensionat, Vamlingbo, ☎ 498030.
- Grå Gåsen, Hoburgsvägen 3 Burgsvik, ☎ 497666.
- Guldkaggen, Burgsvik, ☎ 497309 oder 497311.

Gotlands Osten
- Austerlings Gård, Stånga, ☎ 482800.
- Badpensionatet, Ljugarn, ☎ 493205.

- Gumbalde Golf & Restaurang, Stånga, ☎ 482880.
- Kalkpatronsgården Borgvik, Pensionat, Katthammarsvik, ☎ 52087.
- Stiftsgården Alskog, Alskog, ☎ 491120.

Gotlands Norden
- Fårösunds Hotell, Fårösund, ☎ 221662.
- Slitebadens Hotell, Slite, ☎ 222370.

⇒ Ferienhäuser

Bei einem längeren Aufenthalt auf Gotland bietet es sich an, eines der unzähligen Ferienhäuschen, die über die ganze Insel verstreut liegen, zu mieten. Sie sind allerdings sehr begehrt und es empfiehlt sich daher, sich rechtzeitig darum zu kümmern, denn gewöhnlich sind die schöner gelegenen Objekte schon spätestens im März für die Hochsaison ausgebucht.

Sehr viele der Ferienhäuser sind in Privatbesitz, die meisten werden aber von den Touristenbüros vermittelt, von denen man sich eine aktuelle Broschüre kostenlos zuschicken lassen kann, in der die einzelnen Häuser, ihre Größe, Ausstattung und Lage sowie natürlich der Mietpreis aufgeführt sind.

Schließlich befinden sich auch noch viele Ferienhäuser in kommunaler Hand, allerdings in sog. Feriendörfern zusammengefaßt. Auch sie werden von den Touristenbüros vermittelt.

⇒ Feriendörfer

Die Feriendörfer (*semesterbyar*) liegen meistens in der Nähe von oder unmittelbar an schönen Badestränden (☞ Karte).

❶ Gustafsviks Semesterby in Visby liegt etwa 3 km nördlich der Stadt direkt am Strand. Gleich in der Nähe befindet sich das schöne Naturschutzgebiet Brucebo (☞ Orte und Sehenswertes), in dem man herrliche Streifzüge unternehmen kann. Auf dem Gelände des Feriendorfes gibt es ein Servicegebäude mit Wascheinrichtungen und einem Gemeinschaftsraum mit Fernseher, außerdem ein Lebensmittelgeschäft, das allerdings nur während der Sommersaison geöffnet hat.

Das Feriendorf hingegen ist ganzjährig geöffnet. Es besteht aus drei Abteilungen mit insgesamt 112 Hütten. Teil A besteht aus etwas größeren Häusern mit 4 Schlafräumen mit je zwei Betten und einem Gemeinschaftsraum, modern eingerichteter Küche, fließend warmem und kaltem Wasser, Elektroheizung, Dusche und WC. Zwei der Häuser sind für Körperbehinderte eingerichtet.

Teil B des Feriendorfes hat Häuser mit Gemeinschaftsraum, Kochecke, und abgetrennten Schlafecken für zwei bis sechs Personen, WC mit

Waschbecken, fließend Kaltwasser. Teil C schließlich besteht aus drei Reihen wie Perlen aneinandergereihter Häuschen, jeweils mit Gemeinschaftsraum, Kochecke, zwei Schlafnischen mit je einem Doppelstockbett, WC mit Waschbecken, fließend Kaltwasser. Jedes Häuschen besitzt zudem einen windgeschützten Vorplatz mit Tisch und Bänken/Stühlen.

♦ Buchungen über Gotlandsresor, Box 1161, 62122 Visby, ☎ 219010 (oder Reisebüros).

❷ **Lickershamns Semesterby** liegt bei der Fischersiedlung Lickershamn, etwa 30 km nördlich von Visby und rund 400 m vom Strand entfernt. Unmittelbar südlich des Dorfes befindet sich ein schönes Raukargebiet, in dem auch Gotlands größter *rauk*, *Jungfru* genannt, steht. Die Entfernung zum nächsten Lebensmittelgeschäft beträgt rund 3 km; ungefähr 1 km entfernt befindet sich allerdings auch ein Kiosk. Das Feriendorf besteht aus 12 Hütten, jeweils mit Gemeinschaftsraum, offenem Kamin, zwei Schlafnischen mit sechs Betten, elektrischer Heizung, Kochecke und Waschraum. In einem zentralen Gebäude befinden sich Toilette und Wascheinrichtungen.

♦ ☎ 206000.

❸ **Slite Semesterby** liegt unmittelbar bei der Ortschaft Slite an der Ostküste. Auf dem Gebiet des Feriendorfes befinden sich auch ein Campingplatz und ein schöner Sandstrand, der vor allem für Kinder hervorragend geeignet ist. Das Dorf selbst besteht aus rund 50 elektrisch beheizbaren Hütten, von denen drei für Körperbehinderte eingerichtet sind. Jede der Hütten ist ca. 16 m² groß, besitzt einen Gemeinschaftsraum, Schlafnischen, Kochecke, WC mit Waschbecken. Jede Hütte hat zudem einen geschützten Vorplatz mit Tisch und Holzstühlen. In einem zentralen Servicegebäude befinden sich ein Gemeinschaftsraum mit Fernseher, Waschräume mit Wasch- und Trockenmaschine, Bügelraum, Sauna und Duschen. ♿ 🚲 🏊

♦ Slite Camping AB, Box 62, 62030 Slite, ☎ 210038.

❹ **Åminne Semesterby in Gothem**, ungefähr 10 km südlich von Slite naturschön an einem Sandstrand gelegen. Zudem befindet sich auf dem Gelände des Feriendorfes ein Campingplatz mit einer Anzahl kleinerer Hütten (*campingstugor*). Die Häuser des Feriendorfes besitzen jeweils einen Wohnraum, zwei Schlafnischen mit sechs Betten, Kochecke, Dusche und WC. Die Häuser können elektrisch beheizt werden, wie auch die Campinghütten. Diese sind allerdings nur mit vier Betten, Kochplatte und Kühlschrank eingerichtet. In einem zentralen

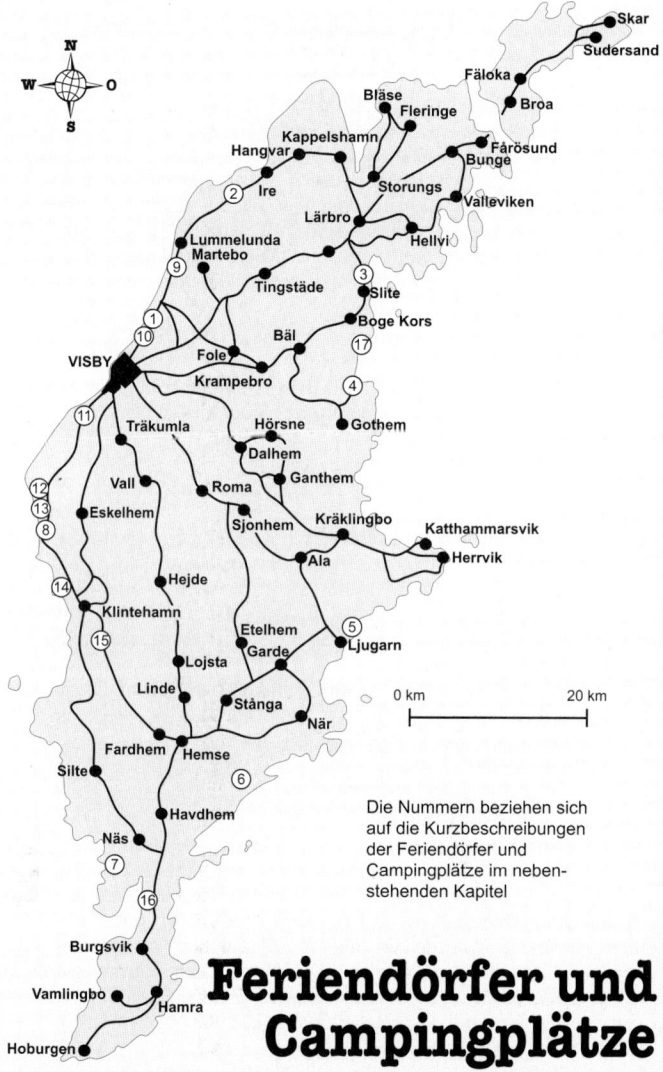

© Stein Verlag

Die Nummern beziehen sich
auf die Kurzbeschreibungen
der Feriendörfer und
Campingplätze im neben-
stehenden Kapitel

0 km   20 km

Feriendörfer und
Campingplätze

Servicegebäude befinden sich Waschräume, WC, Warmwasserduschen und Waschmaschine. ⬛ ✕.

❺ **Vitvärs Semesterby in Ljugarn** liegt ungefähr 800 m nördlich des Ortes Ljugarn an einem schönen Sandstrand und wird im Norden von dem interessanten Raukargebiet von Folhammar (Fagelhammar) begrenzt. Das Dorf selbst besteht aus 12 größeren Häusern mit jeweils fünf Betten und aus zehn kleineren mit vier Betten. Beide Häusertypen sind elektrisch beheizbar, besitzen einen Gemeinschaftsraum mit offenem Kamin, Kochecke und Schlafnischen. Zudem gibt es zentrale Zapfstellen für Wasser, wie auch TC und ferner mobile Duschanlagen mit Waschräumen. 🖊 ✆.

◆　　Buchungen über Gotlandsresor, Box 1161, 62122 Visby, ☎ 219010.

❻ **Semestergården Hällebo AB in Ronehamn** befindet sich in privater Hand. Buchungen, Auskünfte etc. sind vom *Gotlands Turistservice* zu bekommen.

❼ **Nissevikens Semesterby in Havdhem**, ungefähr 65 km südlich von Visby an schöner Küste mit herrlichem Strand gelegen. Direkt daneben steht ein Kiosk für kleinere Einkäufe. Ein Lebensmittelgeschäft ist etwa 6 km entfernt. Die Ferienhäuschen liegen etwa 300 m vom Strand entfernt im Dünengelände. Sie haben jeweils vier Betten, elektrische Heizung und Kochplatte. Es gibt eine zentrale Zapfstelle für Wasser und TC. Die Benutzer müssen Geschirr selbst mitbringen.

❽ **Tofta Semesterby**, **Tofta**, befindet sich ebenfalls in privater Hand.

◆　　Buchungen, Auskünfte etc. über Gotlands Turistservice oder über ☎ 65092 oder 19010.

⬛⚠ Campingplätze

❾ **Visby Snäcks Camping**, Dreisternecampingplatz, ungefähr 6 km nördlich von Visby an der Badebucht von Snäck gelegen; schöner Sandstrand. Der Platz liegt in naturschöner Umgebung in der Nähe des Naturschutzgebietes Brucebo (☞ Orte und Sehenswertes) in ansteigendem Gelände, von dessen oberen Abschnitten man einen schönen Ausblick auf die Küstenlinie hat. Der Platz ist mit Warmwasserduschen, Elektroanschlüssen für Wohnwagen, Waschhaus, WC und anderen Serviceeinrichtungen ausgestattet.Sauna, ⬛, ▆, ✆ ✦.

◆　　🏁 Anfang Mai bis Ende September, ☎ 211750.

⑩ Norderstrands Husvagns- & Familjecamping (Wohnwagen-camping), rund 2 km nördlich von Visby in schöner Umgebung in Ufernähe gelegen. Er ist zudem ausgerüstet mit Warmwasserduschen, WC, Elektroanschlüssen für Wohnwagen, Koch- und Waschgelegenheiten, Fernsehzimmer. ⛟ ▬, ⚐

♦   ⌂ Mitte Juni bis Ende August, ☎ 212157.

⑪ Kneippbyns Campingplatz. Dieser Campingplatz liegt innerhalb eines großflächigen Freizeitgeländes (Kneippbyn) ungefähr 5 km südlich von Visby am Meer. Er hat vielfältige Serviceeinrichtungen wie Fernsehzimmer, Koch- und Waschräume, 18 Warmwasserduschen, eine große Wasserrutschbahn, Minigolf, Sauna. ≈, ✗ ⛟.

♦   Fritidsanläggningen Kneippbyn AB, Box 515, 621 05 Visby, ☎ 296150, ⌂ 1. Mai bis 15. September.

⑫ AB Tofta Camping, ungefähr 20 km südlich von Visby an herrlichem Sandstrand gelegener Dreisterneplatz. Elektroanschluß für Wohnwagen, Warmwasserduschen, Waschräumen, Fernsehraum, Sauna, Billiard, Kanuverleih. ▬ ⛟ ❤, ⚐ ♗ .

♦   ⌂ Mitte Mai bis Mitte September, ☎ 297101.

⑬ Tofta Södra Camping liegt unmittelbar südlich des oben genannten Platzes ebenfalls am Strand, aber in umzäuntem Terrain. Im zentralen Servicegebäude befinden sich Warmwasserduschen, Waschmaschine, Elektroanschlüsse, WC, Kochgelegenheiten, Gemeinschaftsraum mit Fernseher. Geschäfte etc. sind ca. 500 m entfernt bei oben angeführtem Platz (Nr. 12). Tofta Södra Camping hat nur einen Stern.

♦   ⌂ 1. Mai bis 30. September, ☎ 265656.

⑭ Björkhaga Camping. Ungefähr 3 km nördlich von Klintehamn am Sandstrand gelegener Einsterneplatz, ausgerüstet mit TC, Koch- und Waschplätzen, ⛟ ▬.

♦   ⌂ 15. Juni bis 31. August, ☎ 240096.

⑮ Varvsholms Camping, Klintehamn. Einsterneplatz. In der Nähe Pension. ⛟ ▬, ≈, Duschen, Waschgelegenheiten.

♦   ☎ 240010.

⑯ Fidenäs Camping, ungefähr 6 km nördlich von Burgsvik am Ende der Bucht gelegen. Abfahrtsweg von der Straße 140 benutzen. Ein guter

Familiencampingplatz in naturschöner Lage mit kinderfreundlichem Sandstrand und flachgrundigem Wasser. Sämtliche Duschen und Waschstellen besitzen Warmwasser. Ausgerüstet mit WC, Kochgelegenheiten, Elektroanschlüssen für Wohnwagen, Gemeinschaftsraum mit Fernseher, ☽. ⬚. Verleih von Kanus, Windsurfingbrettern, 🚲. ⚓.

◆   Fidenäs Camping, 62020 Burgsvik., ☎ 483910.
    ◻ 1.Juni bis 31.August. Preise etwas niedriger als bei den übrigen Plätzen.

⓱   **Slite Camping**, Dreisterneplatz mit Sandstrand. Neu angelegte, moderne Serviceeinrichtungen, die auch von Körperbehinderten benutzt werden können. In der Nähe ⬚, ⚓ ♨.

◆   ◻ 1. Mai bis 30. September, ☎ 220830.

❹   **Åminne Fritidsanläggning & Camping**, ungefähr 10 km südlich von Slite gelegener Dreisterneplatz, der rund 50 m vom Sandstrand entfernt im lichten Nadelwald eingebettet liegt. Ausgerüstet mit Elektroanschlüssen für Wohnwagen, Warmwasserduschen, WC, Waschraum und Kochgelegenheiten. Unmittelbar beim Platz gibt es ⬚ ✗.

◆   ◻ 1.Juni bis 31.August, ☎ 34011.

❺   **Ljugarns Camping**, Zweisterneplatz mit Sandstrand. Ausgerüstet mit Warmwasserduschen, WC, Waschraum, Kochgelegenheiten, Elektroanschlüssen für Wohnwagen. Auf dem Platz befinden sich zudem ⬚, ⚓, im nahegelegenen Ort Einkaufsmöglichkeiten etc.

◆   ◻ 1. Juni bis 31. August, ☎ 493117.

🏠 Jugendherbergen

Vorausbestellungen von Übernachtungen können für die Herbergen *(vandrarhem)*, die noch nicht geöffnet haben, gemacht werden bei:

◆   STF Bokningscentral, 62034 Lärbro, ☎ 225400. (STF ist der schwedische Fremdenverkehrsverband.)

Visby
◆   Västerhejde vandrarhem (ca. 6 km südlich von Visby), ☎ 264995, ganzjährig geöffnet.
◆   Soldathemmet Wisborg, Langs väg 2, ☎ 295583.

Garda
◆   Kommunhuset, ☎ 491391, ◻ ganzjährig.

Klintehamn
◆   Klinteskolan, Skolgatan, ☎ 241558, ◻ Mitte Juni bis Anfang August.

Kronoholmens Gård
◆   Västergarn, ☎ 245004.

Ljugarn
♦ Strandridaregården, ☎ 493184, 🛏 1.Mai bis 31.August. Sehr schön direkt am Wasser gelegen, aber begrenzte Kapazität. 29 Betten.

Lärbro
♦ Gutegården, ☎ 225786, 🛏 Mitte Mai bis Mitte September.

Näs
♦ Kyrkskolan, ☎ 489116, 🛏 Mitte Mai bis Mitte August.

Sproge
♦ Mattsarve Sommargård, ☎ 241097 🛏 1.Mai bis 31.August.

Wäscherei

Visby
♦ VIC-tvätten, Järnvägsgatan 4, ☎ 218569 (chem. Reinigung, Wäscherei).

Im Süden Gotlands
♦ Havdhems-tvätten, Havdhem, ☎ 481145.

✱ Es gibt auf der Insel keinen Waschsalon mit Waschautomaten!

Yachthäfen mit Serviceeinrichtungen

Die Yachthäfen werden in der Reihenfolge behandelt wie sie - von Visby ausgehend - im Uhrzeigersinn um die Insel herum liegen.

Visby
Toiletten, Duschen, Waschmaschinen, Treibstoff, Frischwasser, Abfalltonnen, ☽, Helling, Kran, 🚉 500 m, 🚌 200 m, Wassertiefe 5 bis 6 m.
♦ Hafenamt, Skeppsbron 18.

Själsö (Fischerdorf)
Ca. 10 km nördlich von Visby. Trockentoilette, Abfalltonne, 🚉 ca. 6 km, 🚌 ca. 3 km, Wassertiefe 3 bis 4 m.
♦ Hafenvogt, ☎ 270143.

Lickershamn (Fischerdorf)
Ca. 30 km nördlich von Visby. 20 Bootsplätze, Wassertiefe 2 bis 3 m, 🚉 3 km, Frischwasser, Abfalltonnen, Toilette, Dusche. Feriendorf und

Wohnwagencamping 700 m. Der Hafen wird verwaltet von Lickershamns Fischerverein. ⚓ 〰. ☽

♦   Hafenvogt, ☎ 214329 oder 218235.

☺   In der Nähe Schwedens größter *rauk*, *Jungfrun*.

Kappelshamn
Toiletten, Treibstoff, Frischwasser, Abfalltonnen, ☽, Helling, ⚓ 500
m, Wassertiefe 2,5 bis 4 m.

♦   Hafenvogt, ☎ 227092.

Länna Slite
Toiletten, Abfalltonnen, ⚓ 500 m, 🚌 1 km, Wassertiefe 0,5 bis 3 m.

♦   Hafenvogt, ☎ 220583 oder 220853.

Slite
Toiletten, Dusche, Treibstoff 100 m, Frischwasser, Abfalltonnen,
☽ 100 m, Helling, ⚓ 300 m, 🚌 200 m, Wassertiefe 1 bis 7 m.

♦   Hafenvogt, ☎ 220583 oder 220853.

Botvaldvik
Ca. 15 km südlich von Slite. Toilette, Frischwasser 400 m, Abfalltonnen, kleiner Kran, ⚓ und △ 5 km, Wassertiefe 1 bis 4 m.

♦   Hafenvogt, ☎ 234171.

Katthammarsvik
Frischwasser, Abfalltonnen, ☽ 600 m, Treibstoff 1 km, ⚓ 800 m, 🚌
100 m, Wassertiefe 2,5 bis 4 m.

♦   Hafenvogt, ☎ 252051.

Herrvik
Ca. 3 km südöstlich von Katthammarsvik. Toiletten, Frischwasser,
Treibstoff, Abfalltonnen, ☽, Helling, ⚓ 500 m, 🚌 5 km, Wassertiefe
2 bis 5 m.

♦   Hafenvogt, ☎ 252083 und 252210.

Sysne (Fischerdorf)
Toilette, Frischwasser, ✗ 7 km, Wassertiefe 4 m.

♦   Hafenvogt, ☎ 252116.

Ljugarn

Handelshafen. Wassertiefe 3 m. Ungefähr 300 m südlich befindet sich der Fischerei- und Yachthafen mit rund 15 Liegeplätzen für Gastboote. Toiletten, Helling für kleinere Boote, Geschäfte und übriges im Ort.

Die beiden Häfen von Ljugarn werden vom Ljugarn Fischerverein verwaltet.

♦   Hafenvogt, ☎ 293046.

Närshamn

Toilette, Frischwasser, Abfalltonnen, 🚉 5 km, 🛒 20 km, Wassertiefe 4 m.

♦   Hafenvogt, ☎ 291155.

Ronehamn

Toiletten, Treibstoff, Frischwasser, Dusche und WC im Servicegebäude. Abfalltonnen, ☽ 150 m, Helling, 🚉 1 km, 🛒 12 km, Wassertiefe 5 m im Handelshafen, 1 bis 2,5 m im Yachthafen.

♦   Hafenvogt, ☎ 282236 und 282107.

Vändburg

Fischer- und Yachthafen an der gotländischen Südküste, zwischen den Feuern Faludden und Heligholm in der Vändburg-Bucht gelegen. Zwei Plätze, Wassertiefe 1,6 m. Telefon und Frischwasser am Hafen, Lebensmittel und Treibstoff ca. 3 km in Hamra. Pension *Holmhällar* 1 km.

Die Bucht mit ihrem Sandstrand ist hervorragend zum Baden geeignet, schönes Raukargebiet.

♦   Hafenvogt, ☎ 299029 und 299035 (Hafen).

Burgsvik

Toilette, Dieselöl, Treibstoff 600 m, Frischwasser, Abfalltonnen, ☽, Kran für Boote bis 6 t Gewicht. ✗ 75 m, 🚉 600 m, 🛒 4 km, Wassertiefe 1 bis 4 m.

♦   Hafenvogt, ☎ 297664.

Klintehamn

Toilette, Frischwasser, Dusche, Abfalltonnen, ☽ und Treibstoff 500 m, Kran auf Bestellung bis 5 t, 🚉 und 🛒 500 m.

♦   Hafenvogt, ☎ 240076 und 240214.

Gnisvärd (Fischerdorf)

Toiletten, Frischwasser, Abfalltonnen, ☽ und Kiosk 300 m, ⚓ und 🛏 3 km (Tofta oder Toftastrand), Wassertiefe 2 m, Helling. Südlich des Hafens schöner Sandstrand von Tofta.

♦   Hafenvogt, ☎ 210196.

Zoll

Die Einfuhr von Schußwaffen, Munition, Feuerwerkskörpern und sonstigen Explosivstoffen bedarf einer behördlichen Genehmigung. Für Messer und Dolche mit Springklingen besteht Einfuhrverbot.

Medikamente nur für Eigenbedarf. Frischfleischeinfuhr verboten, Konserveneinfuhr erlaubt.

Von Ausrottung bedrohte Tiere und Pflanzen sowie Teile davon und daraus hergestellte Gegenstände (z.B. Elfenbein, Häute von Reptilien, Felle von Raubkatzen usw.) dürfen ohne Genehmigung der staatlichen Landwirtschaftsbehörde nicht eingeführt werden.

Visby

Visby ist mit gut 22.000 Einwohnern die einzige größere Stadt der Insel, sie ist Sitz der Provinzverwaltung und des Domkapitels sowie wirtschaftliches und kulturelles Zentrum Gotlands. An bedeutenden Produktionsanlagen gibt es hier Elektro- und Elektronikbetriebe und Unternehmen der Lebensmittelindustrie, die die Erzeugnisse der gotländischen Landwirtschaft verarbeiten. Ein bedeutender Wirtschaftsfaktor ist auch der Tourismus, der vor allem Restaurations- und Hotelbetrieben der Stadt, aber auch Kunsthandwerksläden, Unternehmen der Freizeitgestaltung etc. die nötige Kundschaft bringt.

Sämtliche Verkehrswege der Insel laufen in Visby zusammen: die gut ausgebauten Landesstraßen und über den Hafen der Stadt die Schiffsrouten zum Festland. Und schließlich sorgt der wenige Kilometer nördlich gelegene Flugplatz für eine rasche Verbindung nach außerhalb.

🚗 Tips für Autofahrer

Kommt man mit dem eigenen Pkw, sollte man auf jeden Fall vermeiden, bei der Ausfahrt aus dem Terminalbereich nach links in Richtung Altstadt abzubiegen - mit ziemlicher Sicherheit würde dies mit einer nervenaufreibenden Irrfahrt durch das Gewirr der schmalen Straßen und Gassen und das Labyrinth des ausgeklügelten Einbahnstraßensystems enden. Es gibt nur fünf Wege aus diesem Altstadtbereich heraus, und die muß man als Ortsunkundiger erst einmal finden.

Es ist daher ratsam, sich gleich bei der Ausfahrt aus dem Terminalbereich rechts zu halten und die **Umgehungsstraßen** zu benutzen, die gut ausgeschildert sind und die die Altstadt halbkreisförmig umschließen. Von ihnen zweigen die numerierten Hauptstraßen zu den verschiedensten Gebieten der Insel ab (☞ Karten S. 96/97 und 101).

An diesen Umgehungsstraßen liegen auch einige größere **Warenhäuser**, **Supermärkte** sowie **Tank**- und **Servicestationen**, bei denen man auch immer einen **Parkplatz** findet, von dem aus man die Altstadt bequem zu Fuß erkunden kann. Auf einigen speziell ausgewiesenen Parkplätzen, vor allem in der Grenzzone zum Altstadtbereich bzw. in der Altstadt selbst, ist das Abstellen der Autos zeitlich begrenzt, bei manchen kostenpflichtig. Man beachte hierzu die entsprechenden Verkehrsschilder mit der Aufschrift *tidsbegränsad och avgiftsbelag*. Falschparken ist in Schweden recht teuer. Die Mindeststrafe beträgt Skr 100.

Wichtig: Das Autofahren innerhalb der Mauern der Altstadt ist für Nichtanlieger in den Sommermonaten untersagt!

Die Altstadt

breitet sich terrassenförmig am Hang dreier nordsüdlich verlaufender Klintpartien aus und ist von einer gewaltigen, im Mittelalter errichteten Stadtmauer aus Kalkstein umschlossen. Besonders augenfällig ist der Übergang von der (vom Hafen aus gesehen) zweiten Terrasse zur dritten Terrasse, der durch eine weiße Kalksteinwand markiert wird, die man bei der Ankunft mit dem Schiff schon von weitem sehen kann.

Man landet einige hundert Meter vom alten Hafen entfernt am erst 1983 für die modernen Jumbofähren fertiggestellten Fährterminal.

Rund 100 m in nördlicher Verlängerung des alten Hafenbeckens, in dem heute die vielen Sportboote liegen, befindet sich eine offene Grünanlage mit einem Teich. Es ist dies das sog. *Almedalen*, das mittelalterliche Hafenbecken der alten Hansestadt Visby, in dem seinerzeit die schwerbeladenen Koggen lagen und ihre aus dem baltischrussischen Raum oder aus dem Westen herbeigeschifften Waren löschten und umschlugen.

Dieser Zwischenhandel machte die Bürger der Stadt reich. Nach einer alten Lübecker Chronik sollen in Visby sogar die Schweine aus silbernen Trögen gefressen haben. Das ist sicherlich ein wenig übertrieben, doch etwas Wahres muß an dem im gesamten Ostseeraum sprichwörtlichen Reichtum der damaligen Visbyenser drangewesen sein, allein die sich beim Almedalen hinter der Stadtmauer emporstreckenden prächtigen Giebelhäuser aus der mittelalterlichen Blütezeit Visbys deuten dies an.

Der Hafen der Hansezeit wurde im Laufe der Jahrhunderte durch Landhebung und Versandung für die Schiffahrt unbrauchbar und schließlich durch Aufschüttungen zur heutigen Grünanlage. Am Nordende, in die Mauer eingebunden, erhebt sich ein mächtiger Turm, nach seiner späteren Bestimmung *Kruttornet* (**Pulverturm**) ❶ genannt. Er ist das älteste erhaltene steinerne Gebäude Visbys (Anfang 12. Jahrhundert), vermutlich sogar das älteste erhaltene profane Steinbauwerk Schwedens überhaupt.

Am Pulverturm beginnt die sich zwischen Stadtmauer und baumbestandener Uferböschung unter einem Blätterdach rund 500 m bis zur Nordwestspitze der alten Verteidigungsanlage hinziehende **Strandpromenade**. Auf der anderen Seite der Mauer liegt in diesem Bereich eine der größten Sehenswürdigkeiten der Stadt, der 1856 von der Gesellschaft D.B.W. angelegte **Botanische Garten** *(D.B.W.s Botaniska Trädgård)* mit seinen seltenen Bäumen, Sträuchern und Pflanzen und seinem großen Rosarium sowie der von Efeu umrankten Ruine der **St.-Olafs-Kirche** ⑮.

Einige Mauerdurchlässe bieten die Möglichkeit, von der Strandpromenade in den Botanischen Garten zu gelangen.

Die Altstadt von Visby unterhalb der obersten Klintterrasse weist
noch heute das **mittelalterliche Straßennetz** auf - drei von Norden nach
Süden parallel verlaufende Durchgangsstraßen (hier ist "gehen" tatsächlich wörtlich zu nehmen), Strandgatan, Mellangatan und S:t Hansgatan, mit einem Gewirr von Neben- und Verbindungsstraßen, meist
kurzen, schmalen Gassen und Durchgängen, deren Namen schon auf die
ehemals weitreichenden Handelsbeziehungen der alten Hansestadt Visby
hinweisen: Bremer-, Hamburger-, Lybska-, Danziger-, Reval-, Novgo-
rod-Gränd (*gränd* = Gasse) und viele solcher Straßennamen mehr.

Auf der **obersten Klintterrasse** befindet sich der Teil der Altstadt,
dessen Bebauung größtenteils erst im 18. Jahrhundert angelegt wurde, zu
einer Zeit, als Visby nach rund dreihundertjährigem "Dornröschenschlaf"
als dänische Provinzstadt, die erst wieder seit einigen Jahrzehnten schwedisch war, zu einer ansehnlichen wirtschaftlichen Bedeutung gelangte.
Dank der günstigen Lage, der Rohstoffe (Kalk, Holz, Teer) und einiger
königlicher Privilegien besaß die Stadt in der zweiten Hälfte des 18.
Jahrhunderts eine der größten Handelsflotten des schwedischen König-
reiches. Über ein Viertel der damals rund 5.000 Einwohner der Stadt
lebte von der Seefahrt.
Auf der obersten Terrasse bauten seinerzeit die Seeleute, die Bedien-
steten und Tagelöhner ihre Häuschen und Hütten, die nicht selten kleiner
waren als ein moderner Campingwagen. Heute sind die zum Teil
liebevoll restaurierten und in der Regel unter Denkmalschutz stehenden
Gebäude begehrte Wohnstätten.

Die beeindruckendste Sehenswürdigkeit der Stadt ist sicherlich die
imposante **Stadtmauer**, deretwegen Visby auch gelegentlich, in Anspie-
lung auf die südfranzösische Stadt, als das Carcassonne des Nordens
bezeichnet wird. Diese Verteidigungsanlage, die in mehreren Etappen
seit dem frühen 13. Jahrhundert errichtet wurde und etwa in der Mitte
des 15. Jahrhunderts im wesentlichen ihre heutige Gestalt erhielt, ist
nahezu vollständig erhalten - abgesehen von einigen Blessuren an der
Nordseite, insbesondere der sog. **Lübecker Bresche**, wo ein lübisches
Heer im Mai 1525 bei der Erstürmung der Stadt eindrang. Seit 1805
steht sie unter Denkmalschutz, und in den letzten Jahren wurden
erhebliche Anstrengungen unternommen, die vor allem durch die Luft-
verschmutzung vom Verfall bedrohte Mauer zu konservieren.

Die Mauer ist etwa 3,6 km lang und verläuft halbkreisförmig um die Stadt. Drei Haupttore, Norderport, Österport und Söderport, jeweils zu kleinen Turmfestungen ausgebaut, stellten die Verbindung zum Umland her. Später kamen einige Durchbrüche hinzu, vor allem als Tribut an den modernen Straßenverkehr.

Die lange Mauerfront wurde durch viele Türme, wovon die größeren phantasievolle Namen tragen (wie etwa Silberhaube, Lange Lisa, Kaiser, Schmaler Heinrich), nach und nach verstärkt, bis sie es schließlich auf insgesamt 44 Türme brachte.

In die Mauer integriert sind auch zwei mittelalterliche Gebäude, das Münzhaus an der Nordwestecke und das Teerkocherhaus im letzten Drittel der Ostmauer, von denen heute noch einige Teile deutlich zu sehen sind.

Visby innerhalb der Stadtmauern

Die Ringmauer, Türme und Tore
1 Kruttornet
2 Kärleksporten
3 Murfallet
4 S:t Göransporten
5 Dalmanstornet
6 Österport
7 Skolporten
8 Kajsarporten
9 Söderport
10 Skansporten

Kulturhistorische Gebäude, Ruinen
11 Visborgs Schloßruine
12 Ruine der Nicolaikirche
13 Ruine der Heiliggeistkirche
14 Ruine von S:t Clemens
15 Ruine von S:t Olof
16 Ruine von S:t Drotten
17 Ruine von S:t Lars
18 Alte Apotheke
19 Ruine von S:ta Carin
20 Donnerska Huset
21 Ruinen von S:t Hans und S:t Per

Verwaltungseinrichtungen
22 Gotlands Bibliothek
23 Rathaus
24 Provinzverwaltung
25 Zollamt

Museen
26 Historisches Museum (Gotlands Fornsal)
27 Kunstmuseum
28 Naturkundemuseum
29 Burmeister-Haus

Kirchen
30 Heiliggeistkapelle
31 Dom
32 Katholische Kirche

Hotels
A Strand Hotell
B Lindgården
C Gute Hotell
D Donners Plats Hotell
E Wisby Hotell
F Villa Borgen
G Solhem Hotell

Visby

innerhalb der Stadtmauern

-nicht maßstabsgerecht -

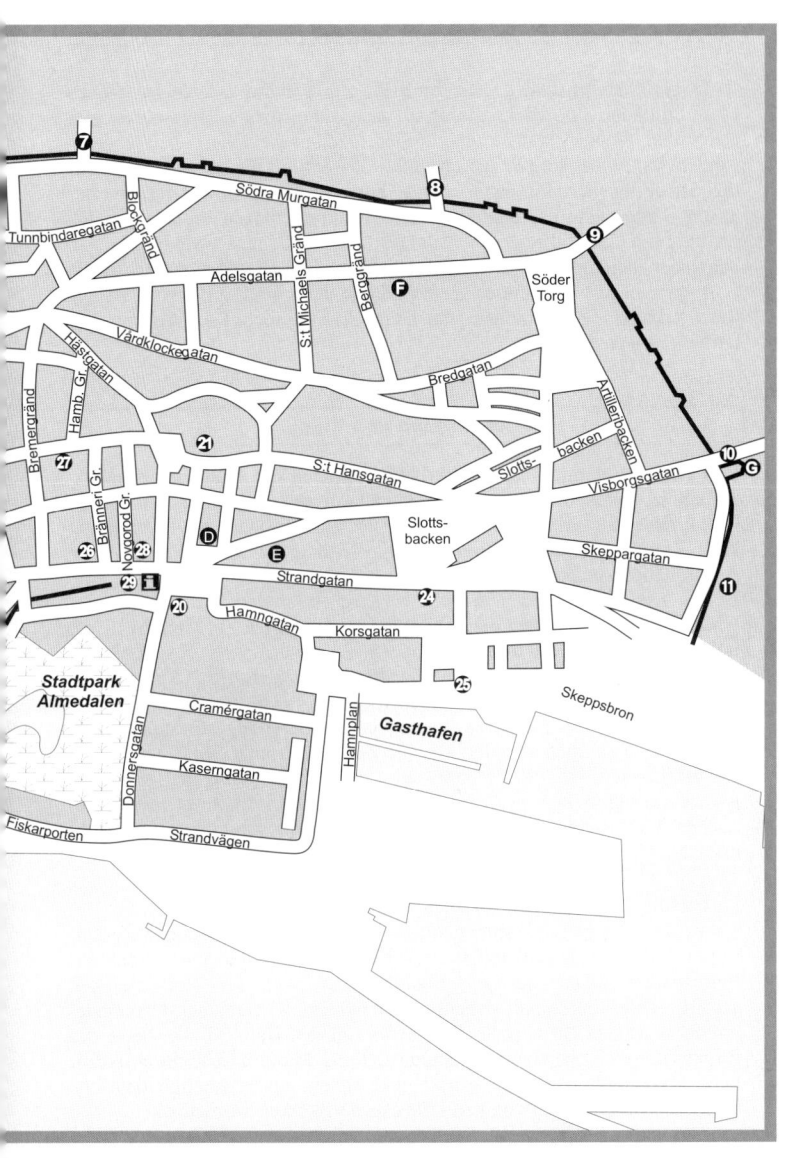

Tunnbindaregatan

Södra Murgatan

Blockgränd

Adelsgatan

S:t Michaels Gränd

Berggränd

F

Söder
Torg

Hästgatan

Vårdklockegatan

Bredgatan

Hamb. Gr.

Brennergränd

27

21

Bränner Gr.

Novgorod Gr.

D

E

S:t Hansgatan

Slotts-
backen

Artilleribacken

Slotts-
backen

Visborgsgatan

Skeppargatan

26

28

29

i

20

Hamngatan

Strandgatan

Korsgatan

24

G

10

11

25

*Stadtpark
Almedalen*

Cramérgatan

Donnersgatan

Kaserngatan

Hamnplan

Gasthafen

Skeppsbron

Fiskarporten

Strandvägen

7

8

9

In der Südwestecke der Stadtmauer, zur See hin, wurde im frühen 15. Jahrhundert, nachdem die Insel nach zehnjähriger Herrschaft vom Deutschen Orden geräumt und wieder in dänische Oberhoheit übergegangen war, eine Burganlage errichtet, das **Schloß Visborg ⓫** (Modellrekonstruktion im Museum *Gotlands Fornsal*; ☞ Visby: Sehenswertes in der Stadt), eine der damals größten Festungsanlagen im Norden. Sie wurde rund 250 Jahre später, als Gotland 1679 zum zweiten Mal an Schweden zurückfiel, von der abziehenden dänischen Besatzung in die Luft gesprengt. Von dieser Befestigungsanlage sind nur noch wenige Reste erhalten. Zu erkennen sind hauptsächlich noch Teile der zur See hin verlaufenden Mauer.

Die Kirchen von Visby

Von den insgesamt 17 mittelalterlichen Kirchen der Stadt überstand lediglich die Kirche der deutschen Gotlandfahrergenossenschaft, die jetzige Domkirche, S:ta Maria, in ihrer Substanz unbeschadet die Wirren der Zeit. Von den übrigen sind zehn noch als Ruinen erhalten, die restlichen sind gänzlich verschwunden.

Zu Zerstörung und Verfall der Kirchen trugen vor allem zwei Umstände bei: zum einen die Eroberung Visbys durch ein lübisches Heer im Jahre 1525 und die damit verbundenen Verwüstungen, besonders der Ordenskirchen (S:t Nicolai, S:ta Carin), zum anderen die Reformation mit ihrer Neuordnung des Kirchenlebens.

Die verlassenen Bauwerke wurden jahrhundertelang als Steinbrüche, Viehställe, Lagerhäuser oder als Werkstätten benutzt. Erst im frühen 19. Jahrhundert, als es für viele der arg in Mitleidenschaft gezogenen Bauwerke schon fast zu spät war, besann man sich ihres kunsthistorischen Werts und stellte die übriggebliebene Bausubstanz unter Denkmalschutz.

Der Dom St. Marien (Domkyrkan, ㉛)

Sie ist der einzige unversehrt gebliebene (wenn man von einigen Restaurierungsarbeiten absieht) mittelalterliche Kirchenbau der Stadt. Nach der Reformation sahen sich die Stadtbewohner vor die Notwendigkeit gestellt, eine der damals erhalten gebliebenen Kirchen zur Gemeindekirche zu wählen. In scharfer Konkurrenz zur St.-Hans-Kirche (heute das Ruinencafé gleichen Namens) konnte sich die Marienkirche durchsetzen. Dies vermutlich, weil sie größer und zudem als ehemalige deutsche Kaufmannskirche 1525 von den Lübeckern verschont worden war.

Als die Kirchenprovinz Gotland 1572 den Rang eines Bistums erhielt, erhob man St. Marien zur Domkirche des protestantischen Bischofs von Visby/Gotland. Die Marienkirche wurde in ihrer fast 800jährigen Geschichte mehrfach umgebaut und erweitert. Im Museum *Gotlands Fornsal* befindet sich ein Modell der verschiedenen Entwicklungsphasen.

Begonnen wurde das Bauwerk gegen Ende des 12. Jahrhunderts als Kirche für die mit Gotland Handel treibenden deutschen Kaufleute, einer Keimzelle des später mächtigen Hansebundes. Diese Gästekirche ohne territoriale Gemeinde wurde schon bald zur Gemeindekirche der vielen deutschen Kaufleute, die sich in Visby niedergelassen hatten. Diese noch im romanischen Stil errichtete Kirche wurde 1225 geweiht. Bauteile aus jener Zeit sind heute noch zu sehen: die mächtigen Langschiffpfeiler, die Querschiffgiebel, ein Säulenportal im nördlichen Querschiffgiebel und der untere Teil des Westturms bis zum obersten Rundbogenfries. Es handelte sich bei diesem ersten Bauwerk um eine dreischiffige Basilika mit Westturm und Querschiff im Osten.

Über das Aussehen der damaligen Chorpartie gibt es keine gesicherten Erkenntnisse, doch scheinen kürzlich durchgeführte Untersuchungen die ältere Vermutung zu bestätigen, daß es sich hier um ein aus dem Querschiff herausragendes Chorrechteck mit apsidialem Abschluß gehandelt hat. Auch die Chorarme des Querschiffes dürften Apsiden nach Osten gehabt haben.

Stilistisch knüpfte dieser Bau, wie vor allem der untere Teil des Turmes erkennen läßt, an die romanische Baukunst des Rheinlandes und Westfalens an, was in Anbetracht der engen kaufmännischen Kontakte dorthin nicht verwundert.

Doch gab es in Visby auch originäre Neuschöpfungen: Eine Abwandlung rheinischer Vorbilder waren die Seitengalerien des Westturms zwischen dem Übergang vom breiteren zum schmaleren oberen Turmkörper. Dieser Turm wurde - mit einigen Variationen - zum Vorbild vieler Landkirchentürme auf der Insel. Unter den Kirchen Visbys hatte St. Marien die bei weitem größten Einkünfte, was sich u.a. in der Gestaltung architektonischer Details und in den Kunstgegenständen zeigt, die besser als die anderer Kirchen die Veränderungen des kontinentalen Geschmacks widerspiegeln.

Bald nach 1225 wurde eine Neugestaltung des Ostteils begonnen: Das alte Querschiff wurde verdoppelt, ein quadratischer Chor hinzugefügt und in den Winkeln zwischen diesem und dem Querschiff wurden zwei

Türme errichtet. In den alten Südgiebeln des Querschiffes wurde schließlich ein neues Portal, das sog. Brautportal, eingesetzt. Diese von rheinländisch-spätromanischem Stil geprägten Teile fügen sich kaum verändert in die heutige Kirche ein.

Noch in der zweiten Hälfte des 13. Jahrhunderts setzte man den Umbau des Langhauses fort, das mit drei nahezu gleich hohen Schiffen auf dieselbe Breite wie die Querschiffarme gebracht wurde. So veränderte sich das Bauwerk von einer Basilika in eine Hallenkirche.

Zu Beginn des 14. Jahrhunderts erhielt St. Marien vor ihrem Südeingang eine großartige gotische Kapelle, die deutlich Stileinflüsse vom seinerzeit gerade im Bau befindlichen Chor des Doms in Uppsala aufweist. Diese Kapelle, heute Große oder Marienkapelle genannt, wird nach umfassenden Restaurierungsarbeiten seit 1984 als eigenständiger Gottesdienstraum genutzt.

Im Laufe des 14. Jahrhunderts wurden die hohen, gotischen Fenster in das Langhaus eingesetzt, die Osttürme erhöht und die Mittelschiffmauern aufgestockt. Letztere Maßnahme läßt die Kirche von außen wieder wie eine Basilika erscheinen. Das so geschaffene riesige Dachgeschoß diente den Kaufleuten (denn St. Marien war ja noch immer die Kirche der deutschen Händler) als Vorratsraum. Der Balken für den Flaschenzug ist am Ostgiebel noch zu sehen.

Nach dem Mittelalter durchgeführte Baumaßnahmen (sieht man von den Restaurierungsarbeiten der Jahrhundertwende und des letzten Jahrzehnts ab) waren nurmehr von bescheidenem Umfang und dienten überwiegend der Ausbesserung von Schäden. Am auffälligsten, weil weithin sichtbar, sind die schwarzen, barocken Turmhauben aus Holz, die den drei Türmen 1746 bis 1761 aufgesetzt wurden.

Bei der umfassenden Restaurierungsarbeit der letzten Jahrhundertwende wurden einige Bauelemente im neugotischen Stil verändert, um der Kirche wieder ein mittelalterliches Gepräge zu geben. Aus dieser Zeit stammt auch ein Großteil des Kircheninventars sowie die Glasmalereien in den Chorfenstern. Ältere Inventarstücke werden im Dachgeschoß aufbewahrt. Das heutige Gestühl wurde im Zusammenhang mit der Restaurierung des Innenraums Mitte der 1980er Jahre neu eingerichtet.

Nur wenige Inventarstücke sind älteren Datums: Die Kanzel, eine Donation des Visbyer Ratsherrn Johan Wolters von 1684, ist wahrscheinlich in Lübeck hergestellt worden. Der Taufstein aus rotem Kalkstein stammt aus dem 13. Jahrhundert und ist einer der wenigen Gegenstände der Kirche, die aus dem Mittelalter gerettet wurden. Er gehört zur

Der Dom zu Visby

großen Taufsteingruppe mit Muschelcuppa. Darüber steht auf einer Konsole eine bemalte Holzplastik aus der zweiten Hälfte des 13. Jahrhundert, die den auferstandenen Christus darstellt.

Mittelalterlichen Ursprungs sind auch viele in den Fußboden des Kirchenraumes eingelassene **Grabplatten**. Nicht weniger als 414 Grabsteine der Kirche sind erhalten, viele sind von personengeschichtlichem Interesse, wie etwa derjenige für Herzog Erich, dem 1397 auf Gotland verstorbenen Sohn des schwedischen Königs Albrecht von Mecklenburg (1363-89). Der Stein befindet sich in der Großen Kapelle.

Eine große Anzahl von Grabsteinen, die im Kirchenraum keinen Platz gefunden haben, steht östlich des Chores, angelehnt an den Klintabhang, und verleiht der Szenerie einen pittoresken Anstrich.

Die vielen **Epitaphe** im Kircheninnern sollen an bedeutende Personen und Geschehnisse erinnern. Die Mehrzahl stammt aus dem 16. und 17. Jahrhundert. An der Nordwand des Chores hängt eines der interessantesten: Es gedenkt des Todes des Admirals und Bürgermeisters von Lübeck, Bartholomäus Tinnapfel, der beim Untergang einer lübisch-dänischen Flotte in einem Sturm vor Visby im Juli 1566 ertrank.

Die Kirchenruinen

✱ St. Katharina (S:ta Carin ⑲) am Großen Marktplatz (Stora Torget): Der vom heiligen Franz von Assisi im frühen 13. Jahrhundert gestiftete und später nach ihm benannte Franziskanerorden, ein Reformorden, dessen Angehörige sich in vollkommener Armut der Pflege des Seelenheils zuwenden sollten, gelangte in den 1230er Jahren in den Norden. Schon 1233 wurde sein Kloster in Visby gestiftet.

Die erste Klosteranlage inmitten der Stadt war den Idealen des Ordens gemäß bescheiden: Die Kirche bestand aus einem langgestreckten, von drei Kreuzgewölben gedeckten Raum mit einem etwas schmaleren Chor. Von diesem ersten Bau besitzt die heutige Ruine noch die Südwand des Langhauses und die westlichste Travée sowie die Südwand des Chores. Spuren der ursprünglichen Fenster zeigen, daß diese rundbogig und paarweise in jeder Travée zusammengeführt waren.

Anfang des 14. Jahrhunderts begann ein groß angelegter Umbau, der die einschiffige Kirche in eine breite, dreischiffige Halle verwandeln sollte (vermutlich nach dem Vorbild der Dominikanerkirche St. Nikolai). Als erstes wurde ein neuer Chor um den alten (der dann später abgetragen wurde) herum errichtet. Der neue Chor umfaßte zwei Travéen mit zusammen sechs Gewölben und schloß im Osten mit einer geraden Altarwand ab. Im großen und ganzen entsprach er den drei östlichsten Travéen der heutigen Kirche vor dem Chorvorsprung.

Der weitere Umbau stagnierte mehrere Jahrzehnte, erst 1376 wurde ein weiterer Ausbau des Chores eingeleitet, der in dem jetzigen, im Osten dreiseitig abgeschlossenen Chorvorsprung mündete. Die Fertigstellung des Langhauses mit neuen Pfeilern und Gewölben dauerte wieder einige Jahrzehnte (1402 stürzten sechs alte Gewölbe in der Mitte des Bauwerkes ein) bis in die 1430er Jahre. Ganz vollendet wurde der Umbau der Kirche nie. Man weiß, daß sie bis zum Westgiebel des Vorgängerbaus neu gestaltet werden sollte. Der heutige Westgiebel muß als Provisorium betrachtet werden, das die Zeiten überdauert hat.

Wenn die heutige Fassade zum Marktplatz einen groben, wenig nuancierten Eindruck vermittelt, sollte man bedenken, daß sie sich seinerzeit einer sehr engen Gasse zuwandte, die kaum die Möglichkeit für einen freien Blick aufs Ganze lieferte und deshalb eine feinere Ausgestaltung überflüssig machte. Denn zwischen Kirche und Marktplatz lag bis zum Ende des 17. Jahrhunderts das alte Rathaus der Stadt - und bis gegen Ende des 19. Jahrhunderts private Bebauung.

Das Portal der Kirche wurde durch Brand zerstört, doch läßt sich im Wimperg eine große Skulptur erahnen, die die Auferstehung darstellen soll. Der Innenraum der Ruine bietet einen imposanten Anblick. Man sollte allein seinetwegen an einem **Ruinenrundgang** teilnehmen, der vom Museum Gotlands Fornsal angeboten wird.

Wenn man von Westen den Blick die Reihe der achtkantigen Pfeiler bis zur spielerisch leicht anmutenden Gestaltung der Chorerweiterung entlanggleiten läßt, staunt man über die avancierte Gotik, die hier zur Anwendung gebracht wurde, und über die ästhetischen Möglichkeiten, die dem hier angewandten Pfeilertypus innewohnen.

Die **Klosteranlage** selbst war nicht sonderlich groß. Sie befand sich südlich der Kirche. Die westliche Längsseite ist, obschon recht verändert, ganz erhalten. Das Kloster bestand bis in die 1520er Jahre hinein. Nach der Reformation und der Auflösung des Ordens scheint es einige Zeit als Hospital genutzt worden zu sein. Danach ist es allmählich verfallen, wurde teilweise noch als Lager bzw. Viehstall genutzt, bis die Ruine dann Anfang des letzten Jahrhunderts unter Denkmalschutz gestellt wurde.

☺ In Teilen des ehemaligen Klostergebäudes ist in den Sommermonaten eine Ausstellung über die Klöster in Visby zu sehen. Eingang direkt neben dem Turm.

✸ **St. Nikolai (S:t Nicolai) ⑫**: Die **Klosterkirche der Dominikaner**, die um 1230 in Visby ihren ersten Konvent in Skandinavien errichteten, war ehemals die größte Kirche der Stadt. Sie erlebte seit ihrer Grundlegung wiederholt Um- oder Erweiterungsbauten.

Die älteste Nikolaikirche war bei der Ankunft der Dominikaner vermutlich schon im Bau, denn sie zeigt - wie Untersuchungen an den Tag brachten - in ihrer Anlage so wesentliche Abweichungen von den Baugewohnheiten des Ordens, daß sie von ihm kaum angelegt worden sein dürfte. Wahrscheinlich war es eine Faktoreikirche, die in den Besitz des Ordens gelangte.

Zur Mitte des 13. Jahrhunderts wurde ein großer Umbau eingeleitet, der sich über einen solch langen Zeitraum erstreckte, daß sowohl romanische als auch gotische Stilelemente zur Anwendung kamen. Nach früherer Auffassung soll das Langhaus ein basilikales Aussehen gehabt haben, d.h. ein Mittelschiff mit hoch sitzenden Fenstern flankiert von tieferen Seitenschiffen. Heute meint die Forschung allerdings, daß alle drei Schiffe des Langhauses von Beginn an ungefähr gleich hoch waren.

Die Kirche soll demnach eine Hallenkirche mit Stützenwechsel gewesen sein, von der Art, wie sie in Westfalen im Frühstadium des Hallenkirchenbaus entwickelt wurde. Das große Südportal ist eine getreue Kopie des sog. Brautportals der Marienkirche, allerdings ohne krönendes Giebelfeld. Bei dem erwähnten Umbau wurde das Langhaus um 14 m nach Westen und um 9 m nach Osten verlängert, wo es mit einem quadratischen Chorausbau ohne Apsis abschloß. Die Pfeiler erhielten Vierkantform.

Diese Art Gewölbestützen erfreuten sich seinerzeit in Visby großer Beliebtheit. Gleichzeitig wurden die Lichtöffnungen verändert, so daß jede Travée zwei lange, schmale, mit Rundbögen versehene Fenster erhielt. In den westlichen Teil der Südwand wurde ein prächtiges Portal eingesetzt, das zuvor vermutlich in der Westwand des Turmes saß.

Das Tympanonfeld ist mit zwei Bischofsfiguren geschmückt: dem hl. Nikolaus von Myra und dem Kirchenvater Augustinus. Von der Westfassade des Turmes stammt wohl auch das schräg über dem Portal eingesetzte, prachtvolle Rosettenfenster. Die neue turmlose Westfassade wurde durch ein großes, zum Mittelschiff gehendes gotisches Fenster und kleinere Fenster zu den beiden Seitenschiffen sowie einen mit Öffnungen, Blendnischen und Rosetten reich verzierten Giebel untergliedert. Aus dem Aufbau der Fassade läßt sich schließen, daß das Dachgeschoß basilikal gestaltet war, obwohl es sich hier um eine Hallenkirche handelte.

In den Gassen von Visby

Um 1400 wurde die letzte große Umbauphase eingeleitet, die diesmal den Chorteil betraf. Die Kirche wurde nochmals einige Meter nach Osten verlängert und mit einer fünfseitigen Chorerweiterung im gotischen Stil, die sehr derjenigen von St. Katharina ähnelt, abgeschlossen.

Die Klostergebäude von St. Nikolai, die an der Nordseite lagen, sind seit langem verschwunden. An der Nordwand erkennt man Widerlager für das Gewölbe des Kreuzganges. Im Südosten befinden sich Spuren von Gewölben der östlichen Klosteranlage. Das Kloster, das auch eine reiche Bibliothek besessen haben soll, wurde 1525 beim Angriff der Lübecker zerstört.

☺ In der Ruine wird seit 1929 alljährlich im Sommer das Singspiel "Petrus de Dacia" aufgeführt, das sich an die Geschichte des gleichnamigen, ersten namentlich bekannten Priors des Klosters (1283-89) anlehnt. Aktuelle Informationen zu den Aufführungen gibt es im Touristenbüro.

✱ **St. Klemens (S:t Clemens) ⓮**: Die älteste aus Stein gebaute Kirche Visbys scheint der Vorgängerbau für mehrere Kirchenneubauten gewesen zu sein. Die heutige Ruine entstammt einem Umbau aus der zweiten Hälfte des 13. Jahrhunderts. Das kurze und breite Langhaus bildete eine dreischiffige Halle mit neun Kreuzgewölben, die auf vier runden Stützpfeilern ruhten. Der Chor weist einen ungewöhnlichen querschiffähnlichen Ausbau nach Süden auf, dem nach Norden eine zweigeschossige Sakristei entspricht. Deren Obergeschoß öffnet sich zum Kirchenraum mit zwei rundbogigen Arkaden.

Vor dem Haupteingang an der Südseite des Langhauses, einem rundbogigen Säulenportal, liegt eine Vorhalle aus dem Spätmittelalter. Der kräftige Turm war an drei Seiten mit Galerien versehen.

St. Klemens ist ein treffliches Beispiel für den sog. **Visbystil**, der sich vor allem unter dem Einfluß westfälischer Kirchenbaukunst um die Mitte des 13. Jahrhunderts entwickelte und der durch kurze, dreischiffige Hallenkirchen mit glatten Mauerflächen und sparsamem Dekor gekennzeichnet ist. St. Klemens war die erste Gemeindekirche des mittelalterlichen Visby.

✱ **St. Laurentius (S:t Lars) ⓱**: In diesem Bauwerk erkennt man den Einfluß eines östlichen Kirchenbautyps, des byzantinischen Zentralbaus. Der Grundriß des Langhauses ist ein Quadrat, über das ein etwas größeres, gleicharmiges Kreuz gelegt wurde. Die Kreuzesarme reichen

über die Seiten des Quadrats hinaus. In den Schnittpunkten der Kreuz-
arme stehen vier hohe, vierkantige Pfeiler, zwischen denen Gurtbögen
liegen. Auf ihnen und den Seitenmauern ruhen tiefe, kuppelähnliche
Kreuzgewölbe. Ursprünglich dürfte sich über der Kreuzmitte ein Zentralturm erhoben haben, doch ist dieser eingestürzt und hat die Mittelgewöl-
be und die beiden östlichen Pfeiler mit sich gerissen. Nach zahlreichen
Brandspuren zu urteilen, ist die Kirche gleichzeitig von einem Feuer
heimgesucht worden.

Nach dem Wiederaufbau ersetzte man den Zentralturm der alten
Kirche durch einen Turm über dem westlichen Kreuzarm. Nach Osten
schließt sich ein Absidenchor an das Langhaus an. Die Apsisrundung ist
außen durch Lisenen untergliedert, die oben durch einen Rundbogenfries
miteinander verbunden waren. Von innen gesehen ist die Apsis hufeisen-
förmig. Der Chor ist mit einem Kreuzgewölbe eingedeckt, dessen Diagonalrippen von Eckdiensten ausgehen. Es sind allerdings nur die beiden
östlichen erhalten.
Der ursprünglich wesentlich schmalere und niedrigere Triumphbogen
wurde irgendwann auf die Breite des Chores erweitert, wobei die westliche Kappe des Chorgewölbes verändert wurde. Die Chorpartie der
Kirche entspricht im Gegensatz zu den anderen Bauteilen dem üblichen
Visbystil. Sie weist große Ähnlichkeit mit dem benachbarten Chor der
Dreifaltigkeitskirche (S:t Drotten) auf, wirkt aber altertümlicher.

Von den Portalen des Langhauses ähnelt das im westlichen Kreuzarm
demjenigen in der südlichen Langhauswand von St. Klemens, das im
südlichen Kreuzarm mit seinem dreipaßförmigen Tympanon hingegen
gleicht dem Südportal der Heiliggeistkirche. Durch die Ausbildung der
Portale kann die Entstehung des Langhauses auf die Mitte des 13. Jahrhunderts datiert werden.
In den Kirchenwänden verläuft ein System von Gängen und Treppen
vermittels derer man auf verschiedene Ebenen um nahezu die ganze
Kirche herumlaufen kann. An manchen Stellen öffnen sie sich mit Arkaden oder kleinen Luken zum Kirchenraum. Im Osten, beim Übergang
zum Chorteil, endet das Gängesystem, dessen Funktion bis heute noch
nicht im einzelnen geklärt ist.

In alten Urkunden finden sich Angaben, daß russische Kaufleute in
Visby zwei Kirchen besessen haben sollen. Man hat lange geglaubt, daß
St. Lars eine von ihnen war. Doch ist die Ähnlichkeit mit den Kirchen
im nordwestlichen Rußland nicht so groß, daß eine solche Verbindung

wahrscheinlich ist. Außerdem scheinen durch den Mongolensturm in der Mitte des 13. Jahrhunderts, also der Entstehungszeit der Kirche, die wirtschaftlichen und kulturellen Aktivitäten zwischen Gotland und Nordwestrußland lange Zeit unterbrochen gewesen zu sein.

Die unbestreitbar byzantinische Prägung des Bauwerks dürfte stattdessen auf Impulsen beruhen, die vom Zentrum der byzantinischen Kunst durch Kreuzzüge in den Westen vermittelt wurden, u.a. auf den Verbindungen zwischen Ost und West in Folge der Eroberung der Stadt Konstantinopel im Jahre 1204 (Lagerlöf/Svahnström, ☞ Literatur: Bücher). Vermutlich handelte es sich bei diesem Bauwerk um eine Gildekirche, die später, nach dem Anstieg der Bevölkerungszahl in Visby, zu einer Gemeindekirche wurde.

✱　**Dreifaltigkeitskirche (S:t Drotten)** ⑮: Die Kirche ähnelt St. Klemens, doch ist sie etwas kleiner und auch älter. Sie wurde im frühen 13. Jahrhundert erbaut. Das Langhaus war eine quadratische, dreischiffige Halle mit vier nunmehr verschwundenen Pfeilern und neun Kreuzgewölben. An der Südseite befindet sich, wie für gotländische Kirchen üblich, der Haupteingang (obwohl der Eingang auf der Nordseite des Langhauses größer war), ein einfaches rundbogiges Säulenportal. Davor liegt eine Kapelle, die der Großen Kapelle der Marienkirche nachempfunden ist, allerdings in bescheidenerer Ausführung. Auch der mächtige Turm erinnert mit seinen beiden geraden Treppengängen an St. Marien, ihm fehlen allerdings die Galerien. Sein Obergeschoß diente als Kapelle, es hatte durch eine Bogenöffnung Verbindung zum Kirchenraum.

Das Langhaus ist durch einen Rückgriff auf rein spätromantische Formen geprägt, wohingegen der Chorteil deutlich gotische Stilmerkmale aufweist, die sich insbesondere in der Gestaltung des Chorportals und des elastisch aufsteigenden Chorgewölbes, dessen Diagonalrippen auf zierlichen Eckdiensten ruhen, artikuliert. Die Südkapelle und die Fenstererweiterungen gehören in ihrer heutigen Form ins ausgehende 14. Jahrhundert.

✱　**Heiliggeistkirche (Helge And)** ⑬: Die Heiliggeistkirche ist ein weiteres Beispiel für den Variationsreichtum der mittelalterlichen Kirchen in Visby. Sie ist zugleich der originellste Kirchenbau der Stadt. Er besteht aus einem achtseitigen Langhaus mit zwei Stockwerken und einem außen gerade abgeschlossenen Chor. Der Haupteingang, ein rundbogiges Portal, ist auf der Südseite. Ihm gegenüber sitzt in der Nordwand ein kleineres Portal. Das Erdgeschoß ist mit einem Kreuzgewölbe eingedeckt, das auf vier achtkantigen Pfeilern ruht. Das mittlere und

größte Gewölbefeld besitzt im Scheitelpunkt eine achtseitige Öffnung zum oberen Geschoß.

In dieses Obergeschoß gelangt man über zwei Wandtreppen im Südwesten bzw. Nordwesten, die in eine gemeinsame Türöffnung münden. Die Wand zwischen Kirchenraum und Treppenaufgang ist von Arkaden durchbrochen. Der obere Raum gleicht dem unteren, allerdings ist er niedriger und hat runde Gewölbepfeiler. Sein Gewölbe ist größtenteils eingestürzt.

Vom Obergeschoß führt eine einfache Wandtreppe im Nordwesten zu einem Dachgeschoß, das ursprünglich mit spitzen Giebelfeldern nach allen Seiten des Oktogons versehen war. In jedem Giebelfeld befanden sich zwei große Fenster. Wie dieser oberste Teil im Detail ausgebildet war, weiß man nicht, doch könnte der Turm der Kirche von Lärbro eine Vorstellung davon liefern.

Im späteren Mittelalter wurde die Dachkonstruktion verändert: Die Spitzen der Giebelfelder wurden gekappt und die Teile zwischen den Giebeln aufgefüllt, so daß die Kirche eine horizontale Mauerbekrönung erhielt.

Beide Stockwerke des Oktogons öffnen sich zum Chor, das untere Geschoß durch einen gewöhnlichen Triumphbogen, das obere durch einen Schwibbogen. In der Ostwand des Chores befinden sich eine halbrunde Altarapsis und eine Anzahl Aussparungen in der Mauer. Auf jeder Seite der Apsis befanden sich zudem drei tonnengewölbte Kleinräume, einer über dem anderen. Sie waren durch enge Wandtreppen miteinander verbunden.

Architekturgeschichtlich hat die Heiliggeistkirche ihre Wurzeln im nordwestlichen Deutschland, da sie an den speziellen Kirchen- bzw. Kapellentyp anschließt, der dort mit Ausgangspunkt der Pfalzkapelle Karls des Großen in Aachen in Pfalzen und Burgen des frühen Mittelalters wiederzufinden ist. Das ganze Bauwerk scheint schon vor der Mitte des 13. Jahrhunderts fertiggestellt worden zu sein. Die Ruine wurde bereits in den 1880er Jahren restauriert, wobei man u.a. die Arkaden der Wandtreppen rekonstruierte.

Die Kirche gehörte ab dem frühen 16. Jahrhundert zum Heiliggeisthospital, einer Einrichtung, die die Armen und Bedürftigen der Stadt betreute. Wer allerdings diese merkwürdige Kirche in Visby erbauen ließ, ist letzthin ungeklärt.

Eine Theorie besagt, es sei Bischof Albert von Riga gewesen, ein früherer Kanoniker am Dom in Bremen. Um 1200 nutzte er Gotland als

Sammelplatz für Pilger und Kreuzzügler und verfügte in Visby nachweis-
lich über eine Kirche, die später den Nonnen des Solberga-Klosters zufiel
und nach der Reformation aufgegeben wurde.

☺   Vom Dach der Heiliggeistkirche hat man eine herrliche Rundsicht
über Visby.

✱   **St. Johannes und St. Peter (S:t Hans und S:t Per) ❷:** Die im
südlichen Teil der Altstadt gelegene Doppelruine verleiht diesem Quar-
tier einen malerischen Anstrich. Die südliche Kirche, **St. Peter**, ist die
ältere der beiden. Sie war ursprünglich eine turmlose romanische Ab-
sidenkirche. Von ihr sind noch Teile der nördlichen und westlichen
Langhauswand zu sehen. Der Verlauf der übrigen Mauern ist durch
Steinlegungen auf dem Rasen markiert. Diese Mauern und ein einfacher
Vierkantsockel sowie Reste eines säulenumgebenen Nordportals deuten
auf eine Entstehungszeit von St. Peter im 12. Jahrhundert hin.

Anfang des 13. Jahrhunderts wurden die Mauern verstärkt, um über
dem Westteil einen Turm zu errichten. Zudem erhielt der Raum vier
Gewölbe, die zentral von einer Säule getragen wurden. Diese nunmehr
zweischiffige Kirche mit einer Mittelsäule wurde vielen Landkirchen
zum Vorbild. Bald aber war sie der wachsenden Gemeinde im expandie-
renden Visby zu klein. Doch anstatt St. Peter umzubauen, wie es sonst
üblicherweise geschah, errichtete man unmittelbar nördlich davon eine
neue Kirche, wobei die Nordwand von St. Peter zu einem Teil der Südwand von St. Johannes, wie die neue Kirche hieß, wurde.

St. Johannes scheint anfangs eine turmlose, dreischiffige Hallenkirche mit vorspringendem Querschiff und einem Chor mit geradem
Abschluß gewesen zu sein. Das Langhaus besaß vierkantige Gewölbestützen und ein Mittelschiff, das breiter war als die Seitenschiffe. Von
der ehemaligen Südwand zwischen der nordöstlichen Ecke von St. Peter
und dem Chorarm stammen die heute noch zu bewundernden Reste eines
prächtigen Portals mit perspektivischen Seiten und einer von einem
Mittelpfosten unterteilten Eingangsöffnung von über 3 m Breite. Zudem
befanden sich im Westen und Norden Eingänge. Nicht weit vom ehemaligen Westportal liegen im Mittelschiff Reste eines runden Postaments
für einen Taufstein. St. Johannes wurde wahrscheinlich im frühen
13. Jahrhundert errichtet.

Beide Kirchen erfuhren später umfassende Erweiterungen: Bei St. Johannes wurde die nördliche Langhausmauer hinausgeschoben, wodurch
die Kirche ein viertes Schiff erhielt, und über dem westlichen Teil wurde

ein Turm errichtet. St. Peter wurde nach Süden erweitert und der Innenraum durch eine weite Öffnung mit dem von St. Johannes verbunden.

✻ **St. Georg (S:t Göran):** Diese Kirchenruine liegt auf einer Wiese etwa 200 m vor der nördlichen Stadtmauer östlich vom Krankenhaus. Sie gehörte zu einem Hospital, das im 13. Jahrhundert wegen der Ansteckungsgefahren durch Kranke außerhalb der Stadt angelegt worden war. Der hl. Georg - oder Göran, wie er in Schweden heißt - war ein im Spätmittelalter populärer Heiliger. Als einer der vierzehn Nothelfer war er besonders geeignet, den Aussätzigen als Schutzpatron zu dienen.

Die Kirchenruine, die aus einem zweischiffigen Langhaus und gerade abschließendem Chor besteht, zeigt einige architektonische Eigentümlichkeiten. Auffallendsten ist der asymmetrische Anschluß des Chores an das Langhaus, was zum Teil durch das unterschiedliche Alter der Bauteile erklärt werden kann. Der ursprünglich schmalere Chor wurde durch einen Neubau ersetzt. Die Gewölbe des Langhauses sind altertümliche romanische Kreuzgewölbe, die einen fortschrittlicheren Typ ersetzt haben, also der sonst üblichen Entwicklung entgegenstreben. Der Chor erweist sich durch seine hohen, schlanken Fensteröffnungen als deutlich jünger als das Langhaus. In der Südwand befindet sich ein kleines, spitzbogiges Portal mit einem dekorativen Dreipaß im Tympanon. An der Nordseite des Chores lag eine tonnengewölbte Sakristei.

Ungefähr in der Mitte jeder Langseite befinden sich einander gegenüberliegende Eingänge in die Kirche. Der Haupteingang lag auf der Südseite, er besaß eine nach Süden offene Vorhalle. In der Westwand sitzen zwei kleinere Eingänge direkt nebeneinander und über ihnen ein dritter, der aber nicht mit dem ursprünglichen Bauwerk in Verbindung gebracht werden kann. Im Westen dürfte sich unmittelbar das Hospital angeschlossen haben. Von ihm gibt es heute keine Spuren mehr.

📖 Eine ausführliche Darstellung der Kirchen in Visby ist zu finden in: Erland Lagerlöf/Gunnar Svahnström, *Die Kirchen Gotlands*, hrsg. v. R. Bohn, Conrad Stein Verlag, Kiel 1991.

Sehenswertes in der Stadt

✻ **Burmeister-Haus (Burmeisterska Huset) ㉙:** Das Haus wurde um 1650 von dem aus Lübeck stammenden Kaufmann Hans Burmeister errichtet. Im obersten Stockwerk befinden sich sehr interessante Wandmalereien aus der Entstehungszeit des Hauses, die man zu bestimmten Zeiten auch besichtigen kann.

Das Burmeister-Haus in Visby

Visby: Die Nordseite der Stadtmauer

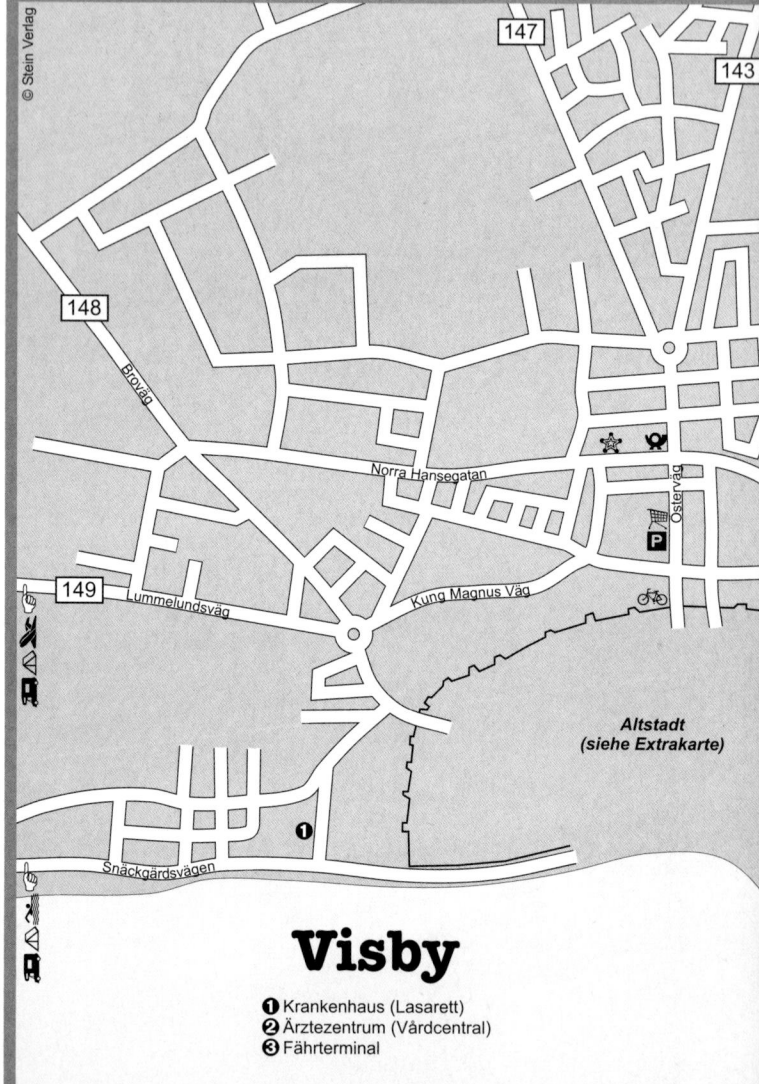

© Stein Verlag

147
143
148
Broväg
Norra Hansegatan
149 Lummelundsväg
Kung Magnus Väg
Östervåg
P
Snäckgärdsvägen

*Altstadt
(siehe Extrakarte)*

Visby

❶ Krankenhaus (Lasarett)
❷ Ärztezentrum (Vårdcentral)
❸ Fährterminal

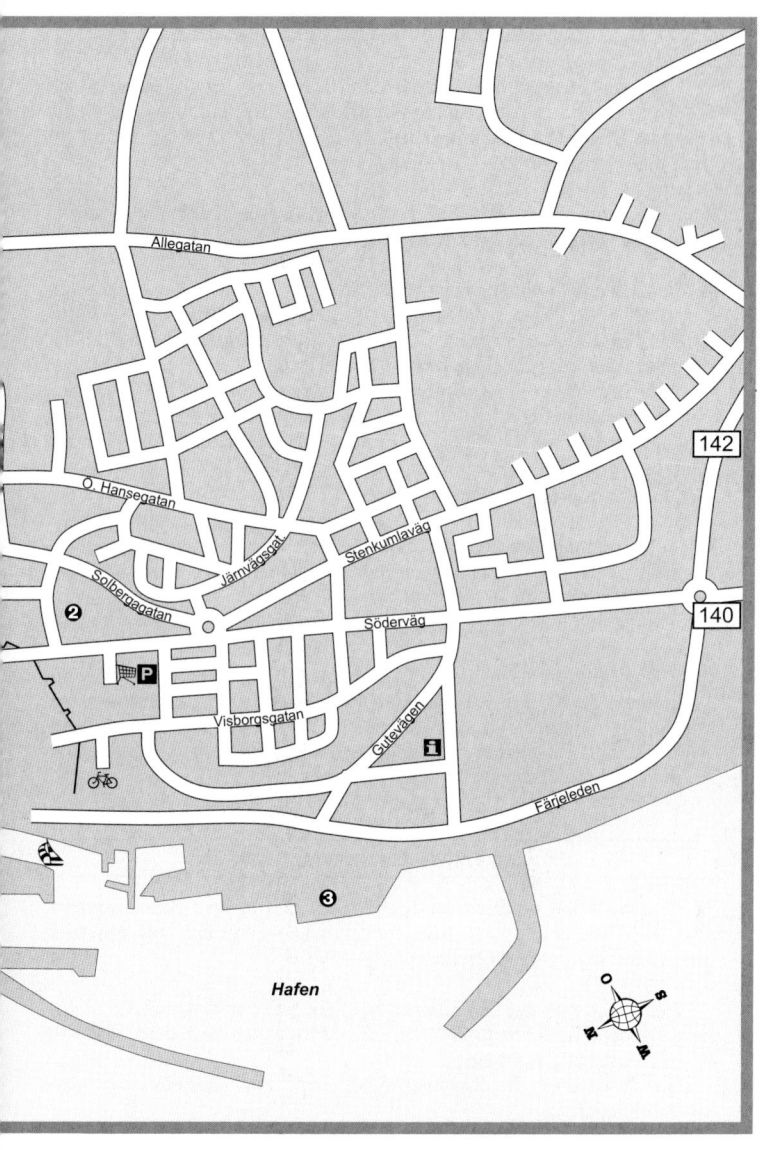

Allegatan

Ö. Hansegatan

Solbergsgatan

Järnvägsgat.

Stenkumlaväg

Söderväg

Visborgsgatan

Gutevägen

Färjeleden

142

140

2

P

3

Hafen

✱　An der Strandstraße (Strandgatan) liegen noch einige hanseatische **Treppengiebelhäuser**, deutlicher Ausdruck des Reichtums der Kaufleute des mittelalterlichen Visby. Sehr schön *Gamla Apoteket* ⑬, im Innern heute eine Silberschmiede.

⌘　**Kunstmuseum** ㊼: S:t Hansgatan. Wurde 1988 eingerichtet. Sammlung gotländischer, schwedischer und internationaler Kunst.

⌘　**Museum Gotlands Fornsal** ㉖: An der Strandgatan gelegen; eines der größten (2.300 m² Ausstellungsfläche) und umfassendsten kultur-historischen Museen Schwedens überhaupt. Ausstellungsstücke von der Vorgeschichte bis zur Gegenwart illustrieren das Leben der Menschen auf der Insel über eine Spanne von insgesamt rund 7.000 Jahren. Prunkstücke sind sicherlich die **Bild- und Runensteine** sowie die vielen Schatzfunde aus verschiedenen Epochen. Für den Gotlandbesucher ein Muß.

◆　Im Sommer täglich geöffnet.

⌘　**Naturkundemuseum** ㉘: Am Donnersplats gegenüber dem Touristenbüro gelegen; Ausstellungen über Gotlands Flora und Fauna sowie den geologischen Aufbau der Insel.

◆　Täglich geöffnet; Angebote für Ausflüge; Infos.

✱　**Vereinigung Gotländischer Künstler** *(Förening Gotländska Konstnärer, FGK)*: Ein Zusammenschluß von auf Gotland lebenden und arbeitenden Künstlern. In der Hästgatan 8 besitzt die Vereinigung Ausstellungsräume, wo abwechselnd Ausstellungen arrangiert werden und wo man auch die Exponate käuflich erwerben kann.

Sehenswertes vor der Stadt

✱　Etwa 1 km nördlich der Mauer liegt 100 m vom Strand entfernt eine sog. **Trojaburg**, ein frühgeschichtliches Labyrinth aus gesetzten Steinen mit mythologischer Bedeutung.

200 m von hier auf den Klippen befindet sich der **Galgenberg** *(Galgberget)*, der Hinrichtungsplatz aus dem Mittelalter, auf dem 1840 die letzte Hinrichtung stattfand.

Gleich daneben in Richtung Stadt liegt ein **Kalkofen** aus dem 18. Jahrhundert.

✳ **Högklint**, ca. 8 km südlich von Visby gelegene, ca. 50 m hohe Kalksteinklippe, von der man eine prächtige Aussicht auf das Meer und die Küstenlinien sowie auf Visby hat (Straße 140, nach ca. 2 km Abzweigung nach rechts, ausgeschildert).

Auf halbem Wege liegt **Kneippbyn**, eine umfangreiche Freizeitanlage mit einer u.a. 160 m langen Wasserrutsche und einem Oldtimermuseum. Dort steht auch die **Villa Kunterbunt** *(Villa Villekulla)*, wo in den späten 60er Jahren "Pippi Langstrumpf" verfilmt wurde: vor allem für Kinder ein sehr interessantes Ausflugsziel.

Küstenlinie bei Högklint

⌘ **Automobilmuseum**, Brovägen (Straße 148, ca. 5 km vom Zentrum entfernt). Rund 30 Fahrzeuge, die die Entwicklung des Autos demonstrieren, außerdem viele Motorräder und Motoren.

◆ Juni bis August täglich 🕐 10:00 bis 19:00; 🅿.

☺ Rund 5 km nördlich der Stadt, ausgeschilderte Abzweigung von der Straße 149, liegt das **Naturschutzgebiet Brucebo** (☞ Orte und Sehenswertes).

✱   **Stora Hästnäs**, 4 km nördlich von Visby, Straße 148 Richtung Bro; links verläuft schon bald der Begrenzungszaun des Flugplatzes. An dessen Ende Abzweigweg nach links (ausgeschildert), nach ca. 1.000 m wiederum ein Weg nach links und nach ca. 200 m befindet man sich auf dem Gelände eines Bauernhofes; ein Parkschild mit Erläuterungstafel.

Hinter dem Schild und einer Baumgruppe liegt das gut erhaltene **Bauernhaus aus dem Mittelalter**. Es ist eines der am besten erhaltenen mittelalterlichen Steinhäuser der ländlichen Region Gotlands. Äußerlich erinnert es sehr an die Mittelalterhäuser in Visby. Betrachtet man die Giebelseite, so erkennt man, daß es früher zu beiden Seiten Anbauten gegeben hat, einen Alltagsraum als Wohnstätte links und einen Keller mit darübergelegenem Gäste- oder Versammlungsraum rechts.

Das Haus, so wie es heute zu sehen ist, hat vier Stockwerke. Ein kleines Tor führt zum Keller unter dem Haus, ein gewölbtes Portal in das mit Kreuzgewölben versehene Untergeschoß, das Reste einer Feuerstelle aufweist. In das darübergelegene Geschoß gelangt man über eine innere Treppe oder durch ein Rundbogenportal im Giebel. Dieses Stockwerk ist entlang der Fassade mit einem Galeriegang und drei mit Kolonetten versehenen, gotischen Fenstern ausgestattet. Der oberste tonnengewölbte Boden wurde wahrscheinlich als Lagerraum genutzt. Die Waren konnten durch ein Tor in der Fassade hineingebracht werden.

Das Haus ist im 14. Jahrhundert errichtet worden und diente gleichzeitig als Wohnung und Lager. Es veranschaulicht auf eindrucksvolle Art, zu welchem Wohlstand es ein gotländischer Handelsbauer seinerzeit bringen konnte (☞ Orte und Sehenswertes: Vatlings in Fole und Bringes Schloß).

Das Gebäude steht unter Denkmalschutz und befindet sich in privatem Besitz. Es ist für Besucher geöffnet. Besichtigungsmöglichkeiten für die Innenräume sind im Touristenbüro zu erfahren.

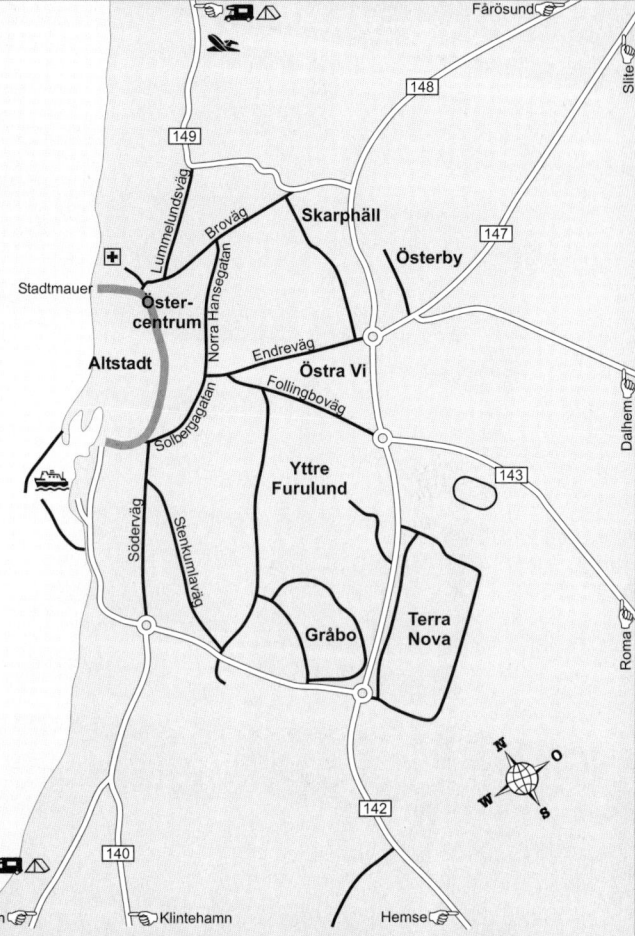

© Stein Verlag

Fårösund

148

Slite

149

147

Skarphäll

Österby

Lummelundsväg

Brøväg

Stadtmauer

Öster-
centrum

Norra Hansegatan

Endreväg

Östra Vi

Altstadt

Follingboväg

Solbergagatan

Yttre
Furulund

143

Dalhem

Söderväg

Sterkumlaväg

Gråbo

Terra
Nova

Roma

142

Kneippbyn

140

Klintehamn

Hemse

Umgehungsstraßen
von Visby

- nicht maßstabsgerecht -

Orte und Sehenswertes

Kalkindustriemuseum

Das Museum liegt ganz im Norden der Insel auf der Ostseite der Bucht von Kappelshamn. Seit Jahrhunderten wird auf Gotland Kalk- und Sandstein zu Bauzwecken gebrochen. Das Brennen von Kalkstein zu Kalk ist dort seit dem Mittelalter bekannt. Dies machte man auf folgende Weise: Die auf Quadersteingröße gebrochenen Kalksteine werden in den speziellen Öfen auf ca. 1.200 Grad erhitzt, wobei die Kohlensäure aus dem Stein getrieben wird. In chemischer Terminologie ausgedrückt: Kalziumkarbonat wird in Kalziumoxid umgewandelt. Dieser Vorgang dauert einige Tage, wobei die Temperatur stets konstant gehalten werden muß.

Schon im Mittelalter wurde Kalk für den Hausbau gebrannt. Das Brennen erfolgte für den Hausbedarf in kleinen Meilern, und der Kalk wurde gelöscht, indem er für mehrere Jahre im Boden vergraben wurde. Das Kalksteinbrechen wurde bis in die Mitte des 17. Jahrhunderts von den Inselbauern als lukrativer Nebenerwerb betrieben. Die Steine wurden unbearbeitet in die Hafenstädte rund um die Ostsee exportiert.

Zu Beginn des 17. Jahrhunderts wurde in S:t Olofsholm ein erster Kalkofen neuer Art erbaut - und damit wurde für den Kalk(abbau) auf der Insel eine neue Epoche eingeleitet. Nun waren es die Visbyer Bürger, die den Abbau übernahmen und auch in weitere Öfen investierten. Der Absatz war gut und die Unternehmungen einträglich. Die Bürger zogen hinaus zu ihren Betrieben und wurden "Kalkpatrone". Plätze wie S:t Olofsholm, Kyllaj, Värnevik, Lergrav, Kappelshamn, Lörge, Barläst, Fårösund, Lauters, Länna, Bläse, Storugns und Katthammarsvik blühten auf.

Voraussetzung für die Kalkherstellung war ein Kalkbruch in der Nähe eines geeigneten Hafens. Am Hafen wurden ein oder mehrere Kalköfen errichtet, die mit Holz befeuert wurden. Das Brennholz wurde auf dem Boden des Ofens kunstvoll aufgeschichtet und darüber wurde der Kalkstein wie ein Gewölbe gestapelt. Dann wurde das Holz entzündet und mußte mehrere Tage brennen. Wenn der Rauch erkaltet war und über dem Ofenkranz einen gelblichen Schein verbreitete, war der Brennvorgang beendet. Das Feuer wurde gelöscht und der Ofen kühlte ab. Dann wurden die gebrannten Steine, Packsteine genannt, herausgeschabt. Sie konnten nun gelöscht, d.h. mit Wasser begossen werden, was in den Kalkschuppen am Wasser geschah.

Das 17. und 18. Jahrhundert war die große Zeit der sog. Kalkpatrone, Unternehmer, die meist mehrere Öfen besaßen und die Kalkherstellung in frühindustrieller Form betrieben. Als im späten 19. Jahrhundert die Zementherstellung begann, stieg die Nachfrage nach Kalkstein gewaltig. Um 1900 gab es im Norden der Insel rund 30 Steinbrüche, die nicht nur die Kalköfen belieferten, sondern auch ungebrannten Stein exportierten.

Das Kalkbrechen war für die Steinbrucharbeiter harte Knochenarbeit. Erst allmählich setzte sich die Mechanisierung durch. Diese ließ viele kleinere Steinbrüche und Kalköfen unrentabel werden. Die Produktion konzentrierte sich nach und nach auf zwei Plätze in der Gegend um Slite, wo heute in großem Stil Kalkstein gebrochen und Zement hergestellt wird.

Den nächsten Schritt in der Entwicklung markieren die Schachtöfen wie in Bläse, in denen der Kalk kontinuierlich gebrannt werden konnte. Kalk und Brennholz - später Kohle - wurden von oben eingefüllt, und der gebrannte Kalk wurde nach und nach unten herausgenommen. Der Kalk konnte dann entweder in gelöschter oder ungelöschter Form verkauft werden. Ungelöschter Kalk ist bekanntlich sehr aggressiv, da er begierig auf Wasser ist.

Der Kalk wurde in den großen Schuppen beim Ofen gelöscht. Hierbei wurde über den gebrannten Stein Wasser gegossen, wodurch das weiße Kalkpulver entstand. Chemisch gesehen wird bei diesem Prozeß Kalziumoxid in Kalziumhydroxid umgewandelt. Durch die Aufnahme von

Das Kalkindustriemuseum bei Bläse

Kohlensäure aus der Luft geht er wieder in Kalziumkarbonat über. (Hierauf beruht die Verwendung des gelöschten Kalks im Bauwesen).

Bläse wurde in der zweiten Hälfte des 19. Jahrhunderts angelegt. Bereits 1883 sollen dort drei Öfen gleichzeitig in Betrieb gewesen sein. Die Glanzzeit der Anlage aber fällt in die 1920er und 30er Jahre. In jenen Jahrzehnten waren dort bis zu 140 Arbeiter beschäftigt.

Die Öfen wurden überwiegend mit Kohle aus Oberschlesien befeuert. Nach dem Krieg wurde das Kalkbrennen in Bläse aus Rentabilitätsgründen aufgegeben. Man exportierte allerdings noch rund ein Jahrzehnt lang Kalkstein von dort. 1983 wurde die Anlage vom damaligen Eigentümer *Euroc* der Stiftung *Bläse-Kalkbruk* als Industriedenkmal vermacht, die hier ein Museum aufbaute, das die Geschichte der gotländischen Kalksteinindustrie exemplarisch veranschaulichen soll.

♦   ◖ Mo bis Fr 10:00 bis 18:00, Sa und So 12:00 bis 18:00, während der Sommermonate. ☎.

Bringes Schloß

30 km südöstlich von Visby. Abzweigung von der Straße zwischen den Kirchen von Ganthem und Norrlanda nach Süden. Ruine eines einstmals großen und prächtigen **mittelalterlichen Steinhauses**. Es hatte zwei Stockwerke mit je zwei Räumen. Reste eines Abtrittes im Obergeschoß deuten darauf hin, daß hier die Wohnung gelegen haben muß, während unten Vorratsräume waren. Gebaut wurde es Mitte des 13. Jahrhunderts (☞ Vatlings in Fole und Visby: Stora Hästnäs).

Brucebo-Naturschutzgebiet

Ca. 5 km nördlich von Visby. Das Naturschutzgebiet wird von einem Klippensaum beherrscht, der parallel zum einige hundert Meter entfernten Strand verläuft. Oberhalb der Klippe vorwiegend Nadelholzbewuchs, im Wald finden sich Reste einer alten Fluchtburg. Unterhalb der Klippen ist der Boden merklich feuchter, die Vegetation üppiger. An mehreren Stellen quillt Wasser aus dem Boden und bildet kleine Rinnsale. In den Klippen im nördlichen Teil des Geländes befinden sich viele Grotten.

Parkplätze sind an der südlichen Grenze des Naturschutzgebietes, aber auch an der Straße nach Själsö Fiskeläge vorhanden.

☺   Im "Briefkasten" des südlichen Parkplatzes liegt die Beschreibung eines ca. 2 km langen Rundwanderweges durch das Schutzgebiet bereit - nach Gebrauch bitte zurücklegen!

Bunge

Freilichtmuseum

Eines der größten Freilichtmuseen Schwedens, 2 km südwestlich von Fårösund an der Straße 148 im Norden Gotlands gelegen.

1917 gegründet, umfaßt es heute annähernd 50 (!) Gebäude. Den Schwerpunkt bilden zwei komplette Bauernhofanlagen aus dem 17. und 18. Jahrhundert, deren Gebäude fast alle aus Holz bestehen und Dächer aus geteerten Brettern haben. Des weiteren gibt es Gegenstände aus dem Erwerbsleben der Landbevölkerung vom 17. bis 19. Jahrhundert: Mühlen, Meiler, Sägewerke, Gerätschaften aus der Fischerei usw.(☞ Karte S. 109).

☺   Gegenüber dem Eingang liegt eine **Cafeteria** mit leckeren gotländischen Spezialitäten.

◆   15.5. bis 14.6. 🕮 10:00 bis 14:00 (Sa, So 12:00 bis 16:00); 15.6. bis 16.8. 🕮 10:00 bis 18:00; 17. bis 31.8. 10:00 bis 16:00.

Schulmuseum

Gegenüber der Kirche von Bunge gelegen. Als eines der wenigen Schulmuseen Schwedens veranschaulicht es die Einrichtung einer Zwergschule um 1850 und in einem weiteren Raum die einer Schule um 1910. Im Obergeschoß ist die Wohnung einer Lehrerin im authentischen Stil der Jahrhundertwende eingerichtet.

◆   15.6. bis 15.8. täglich 🕮 11:30 bis 18:00.

Burgsvik

Im Süden der Insel. In der Umgebung befinden sich reiche Sandsteinlager, die bereits vor Jahrhunderten vielfältige Verwertung fanden - so zum Beispiel für die Herstellung von Taufbecken, die in vielen Ländern des Ostseeraumes Absatz fanden. Ebenfalls aus diesem Sandstein sind große Teile des Stockholmer Schlosses gebaut worden.

5 km südlich von Burgsvik liegt **Bottarvegården** (an der Straße nach Hoburgen), ein **typisch südgotländischer Bauernhof** aus dem 18. Jahrhundert mit zeitgenössischem Interieur. In der Nähe steht der größte Walnußbaum Gotlands, 200 Jahre alt.

♦ Mai bis September ⏰ 9:00 bis 19:00.

Dalhem

18 km südöstlich von Visby. **Eisenbahnmuseum**, in dem viele Geräte aus der gotländischen Eisenbahnepoche (1878 bis 1960) zu sehen sind: drei Dampflokomotiven (eine davon eine 1920 von Henschel in Kassel gebaute; Nr. 18152), Dieselloks und Schienenbusse sowie mehrere Personenwaggons (einer von 1878) und Güterwagen. Die rund 1 km lange Strecke wird bei einer Tour viermal durchfahren, Fahrtzeit ca. 20 Min. Im alten Bahnhofsgebäude sind viele mit dem Bahnbetrieb auf Gotland verbundene Utensilien ausgestellt, einige kann man als Nachbildung käuflich erwerben. In einem Nebengebäude ist eine **Cafeteria** *(Järnvägscafé)* eingerichtet.

✷ Die Museumsbahn fährt von Juni bis August sonntags, mittwochs und donnerstags, die genauen Abfahrtszeiten können im Touristenbüro in Visby (oder in Dalhem selbst) erfragt werden.

Fårösund

Alte Befestigungsanlagen am Fårösund

Im Jahre 1854 brach zwischen Rußland und der Türkei ein Krieg aus, der nach dem Hauptkriegsschauplatz **Krimkrieg** genannt wurde. England und Frankreich schlugen sich auf die türkische Seite und schickten, um eine zweite Front gegen Rußland zu eröffnen, ein Flottengeschwader in die Ostsee. Schweden erklärte sich in diesem Krieg neutral. In aller Schnelligkeit wurde das Eiland Enholmen in der Bucht von ☞ Slite befestigt und Slite zum Kriegshafen erklärt.

Der Fårösund war zu diesem Zeitpunkt gänzlich unverteidigt und wurde zum Freihafen erklärt, wodurch die Kriegsparteien das Recht erhielten, dort zu ankern und zu bunkern - sie durften aber nicht an Land gehen. 1854/55 lag die englisch-französische Flotte mit insgesamt rund hundert Kriegsschiffen im Fårösund vor Anker und bereitete von hier u.a. Angriffe auf die russische Festung Bomarsund auf Åland vor.

Bunge Freilichtmuseum

© Stein Verlag

Visby

Färösund

N
W — O
S

Tingplatz

Geschützte Wiese

1 Alter Bauernhof
2 Sauna
3 Glockenturm
4 Fischerhütte
5 Teerofen
6 Wassersäge
7 Walkmühle
8 Wassermühle
9 Windmühle
10 Windsäge
11 Schafstall
12 Gerberei
13 Kalkofen
14 Büste des Museumsgründers Erlandsson

15 Pferdestall
16 Fliesendachhaus
17 Richterring
18 Bildsteine
19 Runenstein
20 Gräberfeld, Schiffsetzung, Sonnensteine, Wassermühle
21 Seilerei
22 Meiler
23 Strandjung
24 Käutstajn
25 Imbiß, Kiosk etc.
26 Bauernhof (18. Jh.)
27 Seemannshütte
28 Windmühle

Die Ereignisse während des Krimkrieges, die deutlich genug zeigten, daß Schweden nicht in der Lage war, seine Neutralität zu behaupten, führten in den letzten Jahrzehnten des vorigen Jahrhunderts zu einer umfangreichen Debatte darüber, in welchem Maße die Verteidigung Schwedens durch neue Befestigungsanlagen verstärkt werden müsse.

Im Falle Gotlands befand man, daß der Fårösund als Kriegshafen sehr geeignet wäre, aber erst nach 1885, als es wieder zu politischen Spannungen zwischen England und Rußland kam, wurde die Realisierung der fertigen Pläne aktuell. Sowohl Rußland als auch die neue Ostseemacht Deutschland machten der schwedischen Regierung klar, daß man im Falle eines Krieges eine schwedische Neutralität von derselben mangelhaften Art wie während des Krimkrieges nicht akzeptieren würde.

Der Chef des schwedischen Befestigungswesens erhielt deshalb den Auftrag, Fårösund so schnell wie möglich zum **Kriegshafen** auszubauen und die Zufahrten zum Sund zu befestigen. Die Befestigungsanlagen von Fårösund sollten aus drei Batterien bestehen - zwei bei der südlichen und eine bei der nördlichen Einfahrt. Sie wurden noch 1885/86 fertiggestellt.

Doch schon um die Jahrhundertwende waren sie bereits veraltet, und die Befestigungsanlagen von Slite und Fårösund mußten modernisiert werden. In Slite wurden die Batterien aufgegeben und durch die neue Verteidigungswaffe, die Minensperren, ersetzt. Im Fårösund wurden die mittlere und die nördliche Batterie erneuert, außerdem wurde eine Abteilung der neugebildeten Küstenartillerie hierher verlegt.

Von den Befestigungsanlagen sind die **südliche** und die **mittlere Batterie** am interessantesten, weil man hier nahe beieinander Beispiele für die Entwicklung der Küstenverteidigung in der zweiten Hälfte des 19. Jahrhunderts vor Augen hat. Die südliche Batterie hat Vorderladerkanonen, während die mittlere bei der Modernisierung 1899 mit modernen Hinterladerkanonen ausgerüstet wurde. Die beiden Batterien kann man über einen befahrbaren Weg erreichen, der vom Bungenäsweg in Höhe des Hofes Utbunge abzweigt.

☞ Die Batterien liegen in **militärischem Übungsgebiet**, das nur mit besonderer Erlaubnis betreten werden darf, die man beim Stabschef von GK/KA 3 in Fårösund erhält (gegebenenfalls im Touristenbüro nachfragen).

Die **nördliche Batterie** liegt ca. 250 m vom Strand, unmittelbar südlich vom Weg nach "Norra gattet". Für dieses Gebiet gibt es keine Zutrittsbeschränkungen.

Gnisvärd

Ca. 17 km südlich von Visby, Abzweigung rund 1.200 m nach der Kirche von Tofta von der Straße 140 nach Westen (ausgeschildert). Nach rund 1.000 m vom Abzweig liegen linker Hand die größten **Schiffsetzungen** der Insel. Ein Schiff von 45 m Länge und 7 m Breite, ein weiteres von 35 m Länge und 4 m Breite.

Etwa 100 m südlich befindet sich eine weitere, allerdings recht verfallene Schiffsetzung. Zudem Steinsetzung und Grabhügel. Alle Relikte stammen aus der jüngeren Bronzezeit. Am Ende des Weges liegt das sehr sehenswerte **Fischerdorf** (*fiskeläge*) **Gnisvärd**, das mit seinen Holz- und Steinschuppen ehemals das größte der Insel war.

☛   *Gnisvärds Café*, direkt am Strand, ca. 200 m nördlich des Dorfes, täglich 🕐 10:00 bis 22:00.

Grogarnsberg

3 km östlich von Katthammarsvik auf der östlichen Landspitze der Insel. **Fluchtburg** aus der Völkerwanderungszeit. Zu erreichen auf der östlichen Ortsausgangsstraße von Katthammarsvik. Hohes Kalkplateau, das steil zum Meer hin abfällt, vom Strand aus unzugänglich.

An dessen Ende liegt die Fluchtburg, die sich durch einen rund 450 m langen und 6 bis 8 m breiten, mit Sandsteinfliesen ausgelegten, tiefen Wallgraben abgrenzt. Sie bedeckt eine Fläche von ca. 450 x 190 m. Die Verteidigungsanlage war in früheren Zeiten sicherlich über Holzstege zu erreichen.

Vom Gebiet der Fluchtburg hat man eine herrliche Aussicht über das Meer, die Küstenlinie und Teile der Insel. Im Osten ist die Insel Östergarnsholm zu sehen mit ihren beiden Leuchttürmen, von denen einer der älteste der Insel ist (gebaut 1817, aufgestockt 1849) (Fluchtburg ☞ **Torsburgen**).

Hablingbo

15 km südwestlich von Hemse. Bei St. Havor befindet sich eine **Fluchtburg** am ehemaligen Südrand des Moorgebietes von Mästermyr (vor Jahrzehnten teilweise trockengelegt). Etwa 1.000 m westlich liegt ein eisenzeitliches **Gräberfeld**. Die Fluchtburg ist zu erreichen über die Ortsausgangsstraße von Hablingbo nach Nordost, nach ca. 4,5 km (bei

St. Havor) Abzweigung nach Osten. Die Fluchtburg besteht aus einem runden Wall von 55 m Durchmesser, rund 1 m Höhe und 7 bis 8 m Breite. Auf dem Wall müssen sich früher Holzpalisaden befunden haben. Grabungen haben ergeben, daß es hier schon während der vorrömischen Eisenzeit Befestigungsanlagen gab.

In der Nähe des Walls liegen einige Hausfundamente aus jener Zeit. Im Ringwall selbst fand man bei Grabungsarbeiten 1960 einen bedeutenden Schatz: Unter Steinen der Mauerinnenseite lag ein großes römisches Bronzegefäß, das vier römische Schöpfkellen aus Bronze, ein Bronzesieb und zwei Bronzeschellen enthielt. In dem Gefäß fand man zudem noch einen großen Goldring, vermutlich aus dem Gebiet des Schwarzen Meeres stammend. (Der Fund befindet sich im Museum Gotlands Fornsal).

Hall-Hangvar-Naturschutzgebiet

Gotlands größtes Naturschutzgebiet mit einer Fläche von 22 km². Es erstreckt sich von Hallshuk (Nordspitze der Bucht von Kappelshamn im Norden der Insel) entlang der Küste bis kurz vor Irevik. Größtenteils mit Kiefernwald bedeckt, reichlich Moorgrund, im südlichen Teil herrliche Steilküste mit *raukar*.

Im Naturschutzgebiet sind Autofahren, Zelten und offenes Feuer absolut verboten!

Hemse

50 km südlich von Visby; ca. 1.500 Einwohner. Handelszentrum für Südgotland; Gummifabrik, Möbelfabrik und kleinere Handwerksbetriebe. Schwimmhalle ❷, Volkshochschule ❺.

Herrgårdsklint

4 km westlich von Gammelgarn an der Ostküste. **Fluchtburg**, auf einer kleinen Klippe mitten im Wald gelegen. Man erreicht sie, indem man von Gammelgarn Richtung Kräklingbo fährt und nach ca. 1.500 m vor der Mühle von Gannarve in den Weg nach links einbiegt, die letzten ca. 1.000 m durch Waldgelände. Auf einer kleinen Klippe durch eine

kräftige, breite und ein paar Meter hohe Mauer aus sorgfältig gelegten Kalksteinplatten errichtete Verteidigungsanlage, vermutlich während der Völkerwanderungszeit angelegt. Innerhalb der Mauern befinden sich Reste von fünf Hausfundamenten. Grabungen ergaben keine nennenswerten Funde, lediglich Gefäßscherben und Knochenreste. Rund 1.000 m nordwestlich liegt die sehr viel bedeutendere Fluchtburg ☞ Torsburgen.

Hoburgen

Äußerste Südspitze Gotlands; hohes **Klintplateau** (35 m); schöne **Raukarformationen** (vor allem der sog. *Hoburgsgubben*, ca. 200 m südwestlich des Restaurants *"Majstregården"*); im Gestein großer Reichtum

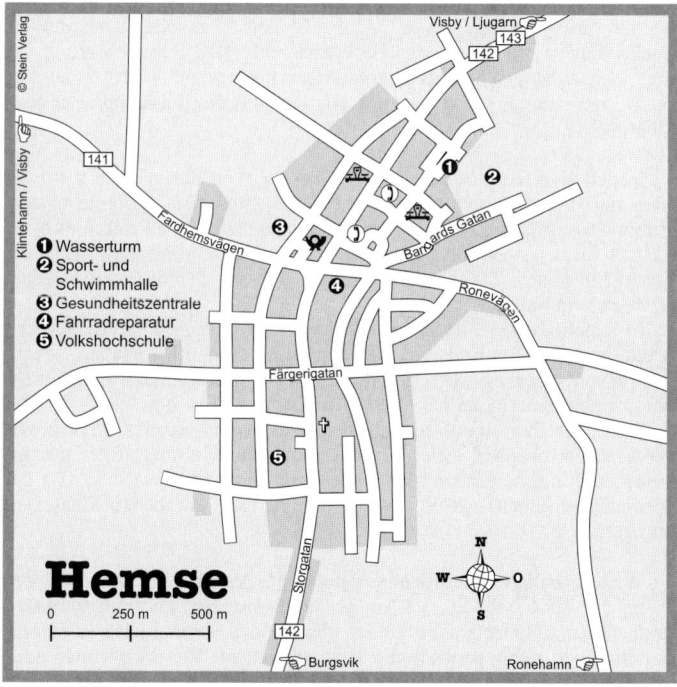

❶ Wasserturm
❷ Sport- und
   Schwimmhalle
❸ Gesundheitszentrale
❹ Fahrradreparatur
❺ Volkshochschule

Hemse

0   250 m   500 m

an Fossilien. Während des Frühjahres und Herbstes ist das Gebiet Rastplatz vieler Zugvögel. Nördlich die **Sundresteppe** *(Sundrealvaret)*, die größte Steppe Gotlands.

✗✿ Sehr empfehlenswert sind **Restaurant** und **Cafeteria** *"Majstregården"*.

Karlsinseln

Stora Karlsö (Große Karlsinsel)

liegt ca. 6,5 km vor der gotländischen Westküste und 5 km südwestlich der Nachbarinsel *Lilla Karlsö* (Kleine Karlsinsel). Die 2,5 km² große Insel wird von einem hufeisenförmigen Plateau geprägt, das sich nach Norden hin öffnet und dessen höchste Stellen 50 m über dem Meeresspiegel liegen. Im Innern des Hufeisens senkt sich terrassenförmig das sog. *Norderslätt* (Nordsenke) zum Meer hin ab und bildet einen gut geschützten Hafen. Im Westen und Nordosten fallen die Klippen steil ins Meer ab.

In den Klippen gibt es rund 30 **Grotten**, von denen viele mehr als 20 m tief sind. Eine der Attraktionen von Stora Karlsö ist die 25 m tiefe Grotte *Stora Förvar*. In ihr wurde bei Forschungsarbeiten eine 4 m dicke Kulturschicht festgestellt, in der reichhaltige Funde gemacht wurden, die darauf hinweisen, daß die Grotte schon während der Steinzeit bewohnt gewesen sein muß.

In einer darüber liegenden Schicht fand man Überreste aus der Bronzezeit, der Eisenzeit und sogar aus dem frühen Mittelalter, so daß man davon ausgehen kann, daß die Grotte rund 2.000 Jahre lang - mehr oder weniger kontinuierlich - von Menschen bewohnt war.

Unter den Funden befand sich viel Keramik und Haushaltsgerät sowie Werkzeug - vor allem viele Harpunenspitzen aus Knochen, die vermuten lassen, daß die Menschen hier vorwiegend vom Fischfang und von der Seehundjagd lebten. Außerdem eine Menge Tier- und einige Menschenknochen.

Weitere **frühgeschichtliche Sehenswürdigkeiten**: Auf dem höchsten Punkt der Insel befindet sich ein großes **bronzezeitliches Steinhaufengrab** *(Röjsu),* in dem eine Esche wächst, die schon Linné in seinem Bericht über seine gotländische Reise erwähnte. Sie wird daher auch *Linné-Esche* genannt.

Im Südwesten der Insel liegt ein weiteres bronzezeitliches **Stein-haufengrab** *(Lauphargi)*, wie das von Röjsu auch mit Kalksteinfliesen ummantelt. Beide Gräber liegen außerhalb der ausgewiesenen Touristen-routen und dürfen daher ohne besondere Erlaubnis nicht aufgesucht werden (an den Fremdenführer wenden).

Wie *Lilla Karlsö* wurde die Insel jahrhundertelang von Schafen be-weidet, die sie so ziemlich kahlgefressen haben. Seit 1887 hat man diese Beweidung allerdings aufgegeben, und die Flora konnte sich allmählich wieder erholen (unterstützt durch Anpflanzungsmaßnahmen). Heute sind sogar wieder Laubwaldgebiete anzutreffen.

Das Plateau selbst bildet eine felsige **Steppenlandschaft** mit arten-reicher Kleinpflanzenwelt, wovon einige Arten erst im südlicheren Euro-pa wieder anzutreffen sind. Stora Karlsö ist vor allem für seine großen Kolonien von **Alken** bekannt. In den Felsen und am Küstensaum leben und nisten überdies viele andere, z.T. selten gewordene Seevögel.

Auf der Insel gibt es einen Leuchtturm (von 1887), ein kleines Mu-seum, ein Restaurant und einen Kiosk. Es gibt nur wenige Übernach-tungsmöglichkeiten.

Von Anfang Mai bis Ende August wird die Insel täglich von Klintehamn aus mit Booten angelaufen, Fahrtzeit ca. 45 Min.

☺ Aktuelle Informationen zu Unterkünften und Überfahrten sind im Touristenbüro (Donners plats) in Visby zu erhalten.

✋ Der Küstensaum um die Insel bis 1.000 m vom Strand unterliegt zum Schutz der brütenden Vögel in der Zeit vom 15.4. bis 31.7. **abso-lutem Zutrittsverbot**!

Überhaupt ist die Erkundung von Stora Karlsö nur in einer geführten Gruppe erlaubt (Naturschutzgebiet).

Lilla Karlsö (Kleine Karlsinsel)

liegt ca. 3 km vor der gotländischen Westküste, Fläche 1,6 km². Die Insel besteht aus einem fast kreisrunden Plateau, das bis 66 m steil aus dem Meer ragt. Im Norden und Süden mit *raukar* besetzte Strandlinie. Auf verschiedenen Ebenen der Felskante befinden sich **Grotten**, die im Laufe der Zeit von der Brandung ausgewaschen wurden.

Im Gegensatz zu Stora Karlsö weiden hier noch **Schafe**, eine beson-dere Rasse altertümlichen Typs, nämlich die gehörnten *Gutefår*. Durch diese Beweidung erhält die Insel ein karges Aussehen. Auf der Südseite konnte sich allerdings noch etwas Laubwald halten, aber insgesamt ist die

Flora nicht so abwechslungsreich wie auf Stora Karlsö. Auch hier leben viele, z.T. **seltene Seevogelarten**.

Ausflüge
15.6. bis 15.8. von Djupviks (Djauviks) Fiskeläge, ca. 12 km südlich von Klintehamn, Abfahrt 10:00, Rückkehr 16:00. Rundwanderung auf Lilla Karlsö ca. 3 Std.
    Buchungen im Touristenbüro in Visby oder in Djupvik. Übernachtungsmöglichkeiten in drei Strandhütten. Platzbuchung erforderlich.

✋ Tagesbesucher dürfen auf der Insel nicht auf eigene Faust umherlaufen, sondern nur in den Ausflugsgruppen. Lilla Karlsö ist im Besitz des Schwedischen Naturschutzbundes, und das Anlanden mit Privatbooten ist während des ganzen Jahres absolut verboten (Naturschutzgebiet!)

Kattlunds

13 km nördlich von Burgsvik. Größter **mittelalterlicher Bauernhof** der Insel (13. Jahrhundert). Von *Gotlands Fornsal* als Museum eingerichtet. Sehr empfehlenswert!
◆   1.6. bis 31.8. täglich 🕐 10:00 bis 18:00.

Klintehamn

33 km südl. von Visby; ca. 2.000 Einwohner; Holzverarbeitungs- und Werkstattbetriebe; wichtiger Exporthafen für Holz- und landwirtschaftliche Produkte. �︎ ⚠ 🏠, ⓘ.

    Die Entwicklung Klintehamns bis etwa 1850 ist eng verknüpft mit dem Handelshaus Donner, das sich hier in der zweiten Hälfte des 18. Jahrhunderts etablierte und neben dem Handelsbetrieb eine Werft errichtete.
    Als Hafenplatz ist Klintehamn allerdings bedeutend älter. Das Seeräubernest *Landescrone* der **Vitalienbrüder** und andere ältere Küstenbefestigungen legen Zeugnis von der Bedeutung dieses Hafenplatzes seit dem Spätmittelalter ab.

Aus dem 17. und 18. Jahrhundert kennt man eine Anzahl Kaufleute, die von hier aus den Export gotländischer Produkte wie Kalk, Teer und Holzwaren betrieben. Der schwedische Arzt und Naturforscher Linné notierte während seiner gotländischen Reise 1741, daß "in Klintehamn von allen gotländischen Häfen die meisten Schiffe lagen, die Kalk, Balken und Bretter luden". Im späten 17. und während des 18. Jahrhunderts gehörte Klintehamn neben Visby und Slite zu den größten Häfen Gotlands.

Mit der Expansion der Werft und der Donnerschen Reederei ging auch das Anwachsen der Gemeinde Klintehamn einher, indem sich Schiffer und Seeleute, Zimmerleute und Arbeiter hier niederließen.

Im Jahre 1649 wurde auf Gotland eine Zollinspektion eingerichtet, und es wurden sog. **Strandritter** eingesetzt, die die Aufgabe hatten, in den einzelnen Küstenabschnitten den Im- und Export zu überwachen. Ein solcher Strandritter wurde auch in Klintehamn stationiert. Das **Zollhaus**, das ursprünglich nicht größer als eine Kate war, ist noch erhalten und liegt direkt an der Hafenstraße *(Kustvägen)*.

Dem Außenhandel über die Landhäfen waren damals zum Teil scharfe Restriktionen auferlegt. Die Kapitäne waren beispielsweise gezwungen, wenn sie zu auswärtigen Häfen segeln wollten, sich auf dem Landweg nach Visby zu begeben, um dort das Auslaufen ihrer Schiffe zu klarieren. 1828 wurde diese Bestimmung für die fünf großen Landhäfen aufgehoben, worunter auch Klintehamn fiel. Gleichzeitig wurde auch zugelassen, Kaufmannswaren in diesen Häfen zu verkaufen, was für die Bauern der Umgebung bedeutete, daß sie sich nicht mehr auf den unbequemen Weg nach Visby machen mußten, um dort die notwendigen Waren zu erstehen.

Auch wenn die völlige Gewerbefreiheit erst 1864 durchgesetzt wurde, wurde durch diese Verordnung von 1828 die weitere Entwicklung Klintehamns zu einem Zentralort vorgezeichnet.

Der Postverkehr Gotlands mit dem Festland lief bis in die 1860er Jahre über Klintehamn - bis die Dampfschiffahrtsgesellschaft *Gotland* diesen Dienst übernahm. Vor der Zeit der Dampfschiffe wurde der Postverkehr mit zwei kleinen, offenen Postjachten, die zwischen Klintehamn und Böda auf Öland segelten, aufrechterhalten. Die Post wurde in besonderen, verschließbaren Tonnen befördert, von denen eine heute im Kulturhistorischen Museum in Visby ausgestellt ist. In den Postjachten konnten auch Reisende von und zu der Insel mitfahren.

Die **Bebauung** in Klintehamn hat ihr Gepräge durch Handel und Seefahrt erhalten. Mitten im Ort, nördlich der Kreuzung der Küstenstraße mit der Straße nach Klinte, lag der große **Donnersche Handelshof** mit einem Hauptgebäude zur Straße hin und einem großen - inzwischen aber abgerissenen - Stall- und Kontorgebäude versetzt dazu an der Straße nach Klinte. Des weiteren standen hier Lagergebäude, Scheunen und Schuppen für die diversen Geräte und Fahrzeuge. Ganz im Osten lag ein großer Garten.

Vom Donnerschen Kaufmannshof sind heute das Hauptgebäude, das Holzmagazin und das dazwischen liegende Hofportal erhalten. Als Jacob Niklas Donner das Gebäude in den 1770er Jahren erwarb, ließ er es durch zwei Räume in jeder Etage nach Süden hin verlängern. Dazu ließ er die Räume im Obergeschoß mit Wandmalereien ausschmücken und Kachelöfen einsetzen.

Bei Umbauarbeiten in den 50er Jahren unseres Jahrhunderts fand man unter den Tapeten die guterhaltenen Wandmalereien und restaurierte und konservierte sie. Von den alten Kachelöfen aus den 1790er Jahren sind drei erhalten. In dem Hauptgebäude ist heute die **Stadtbücherei** eingerichtet. Abrisse und Umbauten haben das Ortsbild im zentralen Klintehamn später stark verändert. Entlang der alten Hauptstraße durch Klintehamn (Kustvägen und Donnersgatan) ist aber noch einiges von der Bebauung erhalten geblieben, das in der ersten großen Blütezeit des Ortes Ende des 18. und im frühen 19. Jahrhundert entstanden ist.

Kovik Fischereimuseum

liegt ca. 4 km nördlich von Klintehamn; von der Straße 140 Abzweigung zur Küste. Restaurierte Fischersiedlung, alte Bootshäuser, Geräte, Werkzeuge, die frühere Generationen zum Fischfang benutzten. An kaum einem anderen Ort der Insel bekommt man einen lebendigeren Eindruck von einer der durch Jahrhunderte wichtigsten Erwerbsquellen der Inselbevölkerung: Fischfang und Seefahrt in Verbindung mit Landwirtschaft. Freier Eintritt!

Gannarve

5 km südlich von Klintehamn, unmittelbar westlich an der Straße 140. **Schiffsetzung** aus der Bronzezeit, 29 m lang und bis 4,75 m breit. Die wohl am schönsten gelegene Schiffsetzung der Insel mit Blick auf die Ostsee. Vermutlich ein Häuptlingsgrab.

⌘ Auf dem Gannarve-Hof *(Gannarvegård)*, ungefähr 200 m von der Schiffsetzung entfernt in Richtung Klintehamn, befindet sich ein sehenswertes privates **Landwirtschaftsmuseum** mit einer Sammlung landwirtschaftlicher Arbeitsgeräte, wie Wagen, Schlitten etc. aus verschiedenen Jahrhunderten.

Kyllaj

Unmittelbar nördlich der Fischersiedlung Kyllaj an Gotlands nordöstlicher Küste, ca. 4 km südöstlich der Kirche von Hellvi, liegt ein imposantes **Raukarfeld**. In der Nähe davon ein **Strandritterhof** aus dem frühen 18. Jahrhundert. Die Strandritter hatten die Zoll- und Küstenaufsicht über einen bestimmten Strandabschnitt. Dieser Strandritterhof ist mit seinem authentischen Inventar als Museum (zum Bunge-Museum gehörig) eingerichtet worden.

In der Umgebung stehen darüber hinaus noch einige **Kalköfen** aus dem 18. Jahrhundert.

❏ Mitte Juni bis Mitte August.

Lilla Bjärs

Ca. 600 m östlich der Kirche von Stenkyrka im Nordwesten der Insel auf beiden Seiten der Straße nach Tingstäde gelegen. **Gotlands größtes Gräberfeld.** Rund 1.000 (!) Relikte wurden bisher ausgemacht, hauptsächlich runde Steinsetzungen. Der Platz wurde während der gesamten jüngeren Eisenzeit (etwa Völkerwanderungs- bis Wikingerzeit) benutzt. Fragmente von Bildsteinen.

Ljugarn

An der mittleren Ostküste Gotlands. Einer der ehedem vornehmsten Badeorte der Insel, naturschön gelegen.

Ljugarn ist ein alter Hafenplatz an der Grenze zweier gotländischer Verwaltungsgebiete, dem Mittel- und dem Süddrittel (die Insel war seit alters her juridisch in drei Teile gegliedert). Der Ort war ein strategisch bedeutsamer Platz, der vermutlich seit frühgeschichtlicher Zeit besiedelt ist.

Im 17. Jahrhundert wurde unten am Hafen ein Kalkofen gebaut und Anfang des 18. Jahrhunderts ein weiterer, *Storugn* (Großofen) genannt, dessen Ruine noch immer zu sehen ist. Der für die Landhäfen zugelassene Export von Kalk, Holz und Teer blühte.

Einen weiteren Aufschwung erlebte der Ort, als hier ab 1828 der Verkauf von Kaufmannswaren erlaubt wurde, was bis dahin allein der Stadt Visby vorbehalten war. Der Handel wurde durch das Handelshaus Donner abgewickelt, das auf der ganzen Insel tätig war. Ende des vorigen Jahrhunderts übernahm ihn in Ljugarn Jacob Gottfrid Claudelin.

Die älteste Bebauung in Ljugarn liegt entlang der Landstraße hinunter bis zum Hafen. Der sog. **Gelbe Hof** (Storvägen 25) aus der Mitte des 18. Jahrhunderts ist eines der schönsten Anwesen im Ort. An der Straße liegen zudem rund 20 umgebaute Blockhäuser, die zur älteren Bebauung des Ortes gehören.

Am Ende des Storvägen (Nr. 40-42) liegt der sog. **Claudelinsche Hof**, der vom Kaufmann Jacob Gottfrid Claudelin um 1800 errichtet wurde. Er ist ein Ensemble aus einem großen Kalksteinhaus, stattlichem Portal, Laden, Magazin und Park - ein Überbleibsel aus der Zeit Ljugarns als Handelsort.

Am Hafen liegen mehrere Magazingebäude, die auch im Zusammenhang mit dem Landhandel entstanden sind. Hier befinden sich auch der **Strandritterhof**, ein Baudenkmal und Museum, sowie ein neueres Zollhaus von 1853, das heute als **Jugendherberge** genutzt wird.

Der Strandritter war der Zollaufseher. Die gotländischen Bauern waren verpflichtet, ihm ein Wohnhaus mit gewissem Standard einzurichten. Der Strandritterhof in Ljugarn wurde vermutlich in der Mitte des 18. Jahrhunderts erbaut und vermittelt ein anschauliches Bild vom Leben eines Zollaufsehers. Das Kulturgeschichtliche Museum in Visby besitzt das Nutzungsrecht am Hof und hat diesen als **Strandrittermuseum** eingerichtet, das in den Sommermonaten für das Publikum geöffnet ist. Beim Strandritterhof liegt auch das "**kleinste geologische Museum der Welt**". Zu beiden Museen ist der Eintritt frei.

Um die Jahrhundertwende entwickelte sich Ljugarn zu einem sehr beliebten Bade- und Ferienort mit Pensionen und stattlichen Sommervillen. Der eigentliche Tourismus setzte auf Gotland mit dem Besuch der Prinzessin Eugénie ein, Tochter des schwedischen Königs Oskar I., die 1860 aus Gesundheitsgründen hierher kam. Es gefiel ihr auf der Insel so gut, daß sie unmittelbar südlich von Visby bei Högklint eine Sommervilla bauen ließ - *Fridhem*. Es wurde nun in höheren und mondänen Kreisen Mode, im Sommer nach Gotland zu fahren.

Nicht nur Hofkreise zog es zur Insel, auch Schriftsteller, Musiker und Künstler. Diese verbreiteten ein Image von der Insel, das den Fremdenverkehr ankurbelte. So wurde Gotland Anfang dieses Jahrhunderts eines der meistbesuchten Touristenziele Schwedens. Ljugarn wurde dabei zu einem Badeort mit besonderem Glanz. Es bildete sich die "Vereinigung der Freunde des Badeortes Ljugarn"; man baute Saunen am Strand und ein Gesellschaftshaus. 1930 gab es hier fünf Pensionen, und prominente "Sommergotländer" bauten hier ihre schönen Sommerhäuser.

Anfang dieses Jahrhunderts wuchs die Sommerhausbebauung entlang dem Strandweg. Es entstanden zum Teil prächtige Villen in nationalromantischen und anderen zeittypischen Baustilen.

✳   In Ljugarn gibt es eine Reihe von Pensionen, Cafés und Restaurants, Einkaufsmöglichkeiten sowie ein Touristenbüro (Storvägen 107).

Rund drei Kilometer nordöstlich vom zentralen Ljugarn, direkt vor dem **Raukgebiet Folhammar**, liegt der Fischerhafen **Vitvärs**. Hier haben die Bauern des Ardre-Gebietes seit Jahrhunderten ihre Strandschuppen und Boote liegen gehabt. Ein Sandriff hat den kleinen Hafen seit jeher vor der Brandung geschützt, jetzt führen zudem zwei Betonbrücken ins Wasser hinaus. Am Strand sieht man zwei hohe Stangen aufgerichtet, die für die Einfahrt in den Hafen den richtigen Weg anzeigen. Zudem gibt es hier einen Netzgarten, wo die Fischernetze zum Trocknen aufgehängt wurden, sowie einige Winschen und Fischräuchereien.

Rund 20 unregelmäßig plazierte Schuppen stehen hier. Die ältesten, die aus Stein mit den Fliesendächern, stammen aus dem 18. Jahrhundert. Es waren Übernachtungsschuppen mit jeweils vier Schlafplätzen. Jede Bootsbesatzung hatte ihren Schuppen. Die restlichen Schuppen aus Holz, die Scheuern, waren Materialschuppen. Heute sind die meisten Scheuern abgerissen und durch neue Schuppen und Bootshäuser aus Holz ersetzt worden.

🐟 In Vitvärs wird im Frühjahr und Herbst Laichhering gefangen, von Mittsommer bis September Flundern, im Herbst Dorsch und von April bis Juni Lachs.

Eines der größten **bronzezeitlichen Steingräber** der Insel - *Digerrair* (*Digerrojr*) - mit einem Durchmesser von 35 m und einer Höhe von 4 bis 5 m liegt ca. 5 km südwestlich von Ljugarn: Abzweigung von der Straße Ljugarn-Lau bei Gumbalde nach Nordwesten, ca. 1.500 m in den Wald hinein (Waldweg). Einer Sage zufolge soll unter dem Steingrab Graipr, der Enkel Tjelvars, des Entdeckers Gotlands, liegen.

Ca. 3 km westlich von Ljugarn liegt - innerhalb eines rund 1,5 m hohen Walles - ein großes **bronzezeitliches Grab** - *Galrum*. Von der Straße 144 ca. 1,5 km vor Ljugarn Richtung Lau abbiegen, nach weiteren 1,5 km links und rechts der Straße. Relikte aus verschiedenen Epochen, zudem sieben kleinere **Schiffsetzungen** aus der jüngeren Bronzezeit (1000 bis 400 v.Chr.) und eine Anzahl **Steinsetzungen** (Gräber), wovon allerdings viele recht verfallen sind. Sie stammen aus der Eisenzeit.

Auf dem Gelände steht überdies ein kleiner **Bildstein** mit Spuren einer Runeninschrift, Kantenornament und Abbildung eines Wikingerschiffs unter Segeln. Der Stein stammt aus der späten Völkerwanderungszeit und wurde erst 1924 an diesem Platz aufgestellt. Sein ursprünglicher Standort ist nicht bekannt.

Lojsta

Lojsta-Halle

10 km nördlich von Hemse, Abzweigung nördlich der Kirche von der
Straße 142 in Richtung Etelhem. Auf einer Wiese bei den Seen *(träsk)*
von Lojsta (ausgeschildert) liegt ein auf authentischem Fundament
rekonstruiertes **Sippenwohnhaus aus der Eisenzeit**. Von diesem Haus-
typ sind auf Gotland bisher rund 1.400 Fundamente entdeckt worden.
Solch ein Wohnhaus war wahrscheinlich von der Zeit um Christi Geburt
bis etwa ins 6. Jahrhundert gebräuchlich.

Dieses hier wurde 1930 ausgegraben und rekonstruiert. Alle Funda-
mentsteine, wie auch diejenigen für die Dachabstützungen und die Herd-
steine, sind authentisch (☞ Vallhagar). Die Menschen, die in solchen
Häusern lebten, bestritten ihren Lebensunterhalt vorwiegend mit Vieh-
zucht und Fernhandel. Ob sie ihr Vieh während der kalten Jahreszeit im
selben Haus unterbrachten, weiß man nicht. Dagegen zeugen reiche
Münzfunde vom Handel bis in den mediterranen Raum - Münzen aus
Rom und Konstantinopel (vgl. die Ausstellungsstücke im Museum
Gotlands Fornsal).

Mit seinem gewaltigen Agdach (*Ag* ist eine besondere, nur auf Gotland vorkommende Schilfsorte) und seinem düsteren, fensterlosen Innenraum demonstriert dieses Haus recht anschaulich die Wohnverhältnisse
der Menschen vor rund 1.500 Jahren.

Lojsta-Schloß

Rund 100 m weiter südwestlich liegen die Überreste des sog. Lojsta-
Schlosses *(Lojsta slott)*. Mit Schloß ist hier eine frühgeschichtliche
Befestigungsanlage gemeint, die im Mittelalter weiter ausgebaut worden
ist. In dem Waldstück am Ende der Wiese kann man zwei Wallgräben
finden. Das Schloß selbst lag auf einem steilufrigen Inselchen rund 10 m
über dem Wasserspiegel.

Durch Nivellierungsarbeiten im Lojsta-Seengebiet um die Jahrhundertwende sank der Wasserspiegel um rund 3 m, so daß hier heute nur
auf der der Wiese zugewandten Seite ein Sumpfgebiet geblieben ist. Die
Schloßinsel war seinerzeit vollkommen vom Wasser des Sees umflossen.
Eine Brücke führte von einer Vorverteidigungsanlage dorthin.

Die Insel war für Verteidigungszwecke bestens geeignet: Im Nordwesten stieg sie steil aus dem Wasser. Ansonsten boten Wasser, Gräben
und Wälle Schutz, vermutlich noch durch zusätzliche Palisaden verstärkt.
Das Plateau war zudem durch einen Wallgraben in zwei Hälften geteilt.

Auf jeder befinden sich Hausfundamente, die aber bisher nicht hinlänglich erforscht sind, weshalb ihr genaues Alter nicht bekannt ist.

Außerhalb des südlichen Walls fand man Reste eines Pfahlwerks aus
langen, angespitzten Pfählen. Im Wasser und in den Gräben wurden
Steinkugeln von mittelalterlichen Wurf- und Belagerungsmaschinen gefunden, wie sie auch auf dem Schlachtfeld vor Visby benutzt wurden, wo
das gotländische Bauernheer dem des Dänenkönigs Waldemar Atterdag,
der die Insel 1361 eroberte, entgegengetreten war.

1394 geriet Gotland unter die Herrschaft eines Seeräuberverbandes,
die sog. **Vitalienbrüder**, denen auch der bekannte **Klaus Störtebeker**
angehörte. Die Seeräuber machten im Zusammenhang mit den Kämpfen
der verschiedenen feindlichen Mächtegruppierungen im späten 14. Jahrhundert den Ostseeraum unsicher. Die Dänen versuchten zwar, die Vitalienbrüder von der Insel zu vertreiben, doch die hatten inzwischen drei
starke Verteidigungsanlagen errichtet. Es ist sehr wahrscheinlich, daß
Lojsta-Schloß eine dieser drei "Festungen" war.

1398 vertrieb der Deutsche Orden, der sich inzwischen eingeschaltet
hatte, die Vitalienbrüder und wurde selbst Herr der Insel, worauf zwischen ihm und den Dänen Kämpfe ausbrachen. 1408 kam die Insel auf
friedlichem Wege unter dänische Herrschaft (☞ Slite).

Lojsta-Seen

Sie sind für gotländische Verhältnisse ungewöhnlich tief. Der größte von
ihnen, *Rammträsk*, ist 18 m tief. Östlich und südlich der Seen erheben
sich steile Kalksteinfelsen. In den Klippen befinden sich hier und da
kleinere Grotten. Nordwestlich liegt die **Lojstaheide**, eine hochplateau-
artige Heidelandschaft mit vielen Mooren und artenreicher Flora mit
vielen Orchideenarten.

Lummelunda

Ca. 13 km nördlich von Visby an der Straße 149. Die **Lummelunda-
grotten** *(Lummelundagrottorna)* sind eines der größten Höhlensysteme
Schwedens. Die bisher erforschten Teile erstrecken sich über 2,5 km. Es
handelt sich hier um eine sog. Karsthöhle, die dadurch entstand, daß
Wasser den lockeren Kalkstein auswusch. Durch einen Teil des Höhlen-
systems fließt ein kleiner Wasserlauf, der vom ca. 7 km entfernten Moor
von Martebo gespeist wird. Vor der Trockenlegung dieses Moores war
der Wasserlauf weitaus mächtiger und wurde sogar dazu genutzt, zwei
Wassermühlen der 1620 in der Nähe errichteten **Eisenhütte** anzutreiben.

Hier befindet sich auch das **größte Wassermühlrad Nordeuropas** mit einem Durchmesser von 11 m. Es stammt aus der Mitte des 19. Jahrhunderts. Die Eisenhütte Lummelunda wurde schon 1712 wieder aufgegeben. Zwar gab es genügend Energie (Wasser, Holz), doch das Eisenerz mußte vom Festland herübergebracht werden, was letztlich unrentabel war. Heute sind die Reste der Anlage ein interessantes Anschauungsobjekt für die Industriekultur des 18. Jahrhundert.

☺ Die Höhle, erst seit 1959 für den Besucher erschlossen, ist heute eine große Touristenattraktion. Von Mai bis September finden mehrmals täglich Führungen statt.

Ziehen Sie sich etwas Warmes über, denn im Innern der Höhle herrschen konstant Temperaturen von 6 bis 8 Grad, und die Luftfeuchtigkeit beträgt 95%.

⌘ Nahebei liegt ein kleines **geologisches Museum**. Außerdem eine Cafeteria.

Krusmyntagården
Kräutergarten ca. 2 km südlich von Lummelunda mit rund 200 Kräutersorten (sowohl Heil- als auch Duftkräuter), die zum Teil auch käuflich erworben werden können.

◆ Mitte Juni bis Mitte August täglich ⌚ 9:00 bis 18:00.

Norrlanda

⌘ 30 km östlich von Visby an der Straße von Hörsne zur Straße 146, knapp 500 m vor der Einmündung. Kleines **Landwirtschaftsmuseum**, in dem eine typische Bauernhofanlage der gotländischen Ostküste aus dem 18. Jahrhundert gezeigt wird. Mehrere kleine Holzgebäude, die jeweils ihre eigene Funktion hatten (Wohnhaus, Scheune, Viehstall, Schmiede, Sauna, Gästehaus etc.), sind hier aus der Umgebung zusammengetragen worden. Außerdem befinden sich hier, auf ihrem ursprünglichem Platz am Strand und im Wald, eine Strandhütte und eine Wassermühle.

Östergarn

⌘ Ganz im Osten Gotlands; **Albatrossmuseum**. Am 2. Juli 1915 wurde hier vor der Ostküste der Insel der aus seinem Flottenverband

versprengte deutsche Minenkreuzer "Albatross" von russischen Kriegsschiffen zusammengeschossen. Ein Großteil der Besatzung konnte sich an
Land retten und wurde während des Krieges auf Gotland interniert. Die
Gefallenen (etwa 30 Mann) wurden auf dem Friedhof von Östergarn bei-
gesetzt, wo sich eine Gedenktafel befindet.

Das Museum mit Überresten, Fotos und Dokumenten wurde 1977
eröffnet.

♦   23.6. bis 21.8. Sa und So 🕐 15:00 bis 17:00, Mo und Do 18:00 bis 20:00.
      Eintritt frei.

Slite

37 km nordöstlich von Visby; rund 2.000 Einwohner; Handels- und
Gewerbezentrum Nordgotlands; einziger Tiefseehafen der Insel.

Slite ist der zweitgrößte Ort der Insel und Zentrum der gotländischen
Kalkindustrie. Zugleich ist es auch ein beliebter Touristenort mit Feriendörfern, Bad und Freizeitanlagen. Der Platz war seit der Wikingerzeit
immer schon der wichtigste Hafen an der gotländischen Ostküste. Zwei
wikingerzeitliche Hafenanlagen sind hier bekannt. Eine lag im inneren
Teil des Bogeviken, die andere direkt im heutigen Slite.

Bogeviken war ein natürlicher, gut geschützter Lagunenhafen von
gleicher Art wie Paviken an der Westküste. Hinein segelte man damals
durch eine schmale Einfahrt beim heutigen Sjuströmmar. Der wikingerzeitliche Hafen lag in der Nähe der Kirche von Boge. Hier wurden bei
archäologischen Grabungen Wohnplätze und eine Anzahl Silberschätze
entdeckt sowie der berühmte *Pilgårdsstein*, der davon berichtet, daß
gotländische Wikinger auf dem Fluß Dnjepr die Dnjepr-Katarakte auf
dem Weg zum Schwarzen Meer durchquerten. Der Stein steht jetzt im
Kulturhistorischen Museum *(Gotlands Fornsal)* in Visby.

Zu dem anderen Hafen in Slite gehörte ein großes Gräberfeld, das
unter dem heutigen Marktplatz des Ortes liegt. Hier hat man rund
40 Gräber archäologisch untersucht. Aus dem Fundmaterial geht hervor,
daß das Gräberfeld vor allem in der späteren Wikingerzeit, also um das
Jahr 1000, Verwendung fand. Die Gegenstände sind sowohl gotländischen als auch festlandschwedischen und baltischen Ursprungs, was
darauf hinweist, daß der Hafen eine Funktion im Handel zwischen den
beiden Ostseeküsten besaß. In der Wikingerzeit lag die Uferlinie hier
etwa zwei Meter höher als heutzutage, was bedeutet, daß der innere Teil
des Hafenbeckens im heutigen Park beim Marktplatz lag.

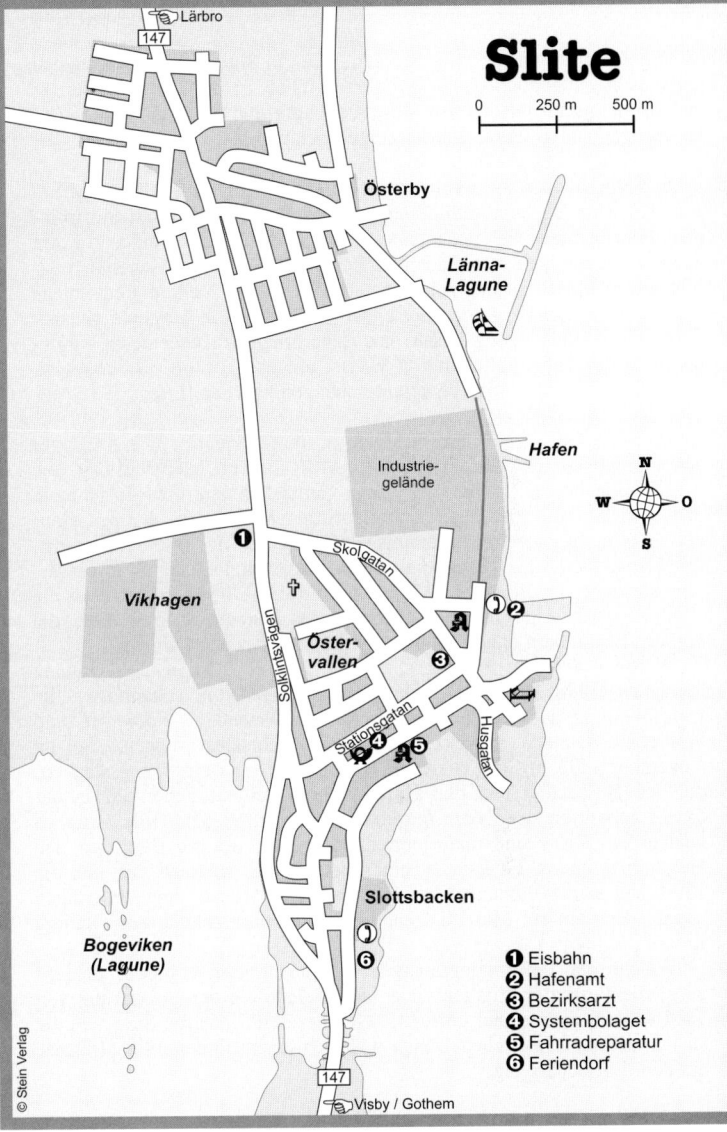

Slite

0   250 m   500 m

Lärbro
147
Österby
Länna-Lagune
Hafen
Industrie-gelände
Skolgatan
1
Vikhagen
Öster-vallen
2
3
Stationsgatan
4
5
Husgatan
Slottsbacken
Bogeviken
(Lagune)
6
147
Visby / Gothem

N
W   O
S

© Stein Verlag

1 Eisbahn
2 Hafenamt
3 Bezirksarzt
4 Systembolaget
5 Fahrradreparatur
6 Feriendorf

Die Zusammenhänge zwischen den Häfen in Slite und Bogeviken sind noch nicht hinlänglich geklärt. Wahrscheinlich ist der von Slite jünger und wurde gebaut, als der von Bogeviken aufgrund topographischer Veränderungen und größerer Schiffe aufgegeben wurde.

In Slite hat man zwei **mittelalterliche Verteidigungsanlagen** gefunden. Die eine lag beim Schloßberg, unmittelbar nördlich von Sjuströmmar. Hier befinden sich noch heute Überreste des sog. Schlosses in Form eines rechtwinkligen, großflächigen Steingrundes, der wahrscheinlich das Fundament eines Turmes gebildet hat. Die andere Verteidigungsanlage lag auf dem Slite-Berg oder Lotsenberg, wie die Anhöhe heute genannt wird. Diese Befestigung besaß eine außerordentlich bedeutende strategische Lage. Auf drei Seiten von Wasser umgeben, war sie kaum einzunehmen, und gleichzeitig beherrschte man von hier den Hafen.

Im Jahre 1404 wurde um die Burg in Slite gekämpft. Die Anhänger des abgesetzten schwedischen Königs **Albrecht von Mecklenburg**, die sog. Vitalienbrüder, hatten 1397 ganz Gotland in ihre Gewalt gebracht und betrieben von hier einen umfangreichen Kaperkrieg, der den Handelsverkehr im ganzen Ostseeraum beträchtlich störte, insbesondere den der Hansestädte. Der Deutsche Orden, der Mitglied der Hanse war, schickte daher im Frühjahr 1398 Truppen auf die Insel und vertrieb die Vitalienbrüder. Eine der Seeräuberfestungen war die Burg in Slite, die von den Seeräubern ohne Kampf aufgegeben und zerstört wurde.

Während der folgenden Zeit, als der Deutsche Orden über Gotland herrschte (1398 bis 1408), plante **Margarete von Dänemark**, die Unionskönigin der drei nordischen Reiche Dänemark, Norwegen und Schweden, Gotland zurückzuerobern. Sie schickte Truppen, die im November 1403 in Slite landeten. Hier bauten sie Befestigungsanlagen, die den Nachschub und den Hafen sichern sollten. Schon im Januar darauf antwortete der Orden mit einer Militäraktion. Die Ordenstruppen landeten in Visby und marschierten nach Slite, um die Burg und den Hafen zu erobern. Es kam zu einer Belagerung, während der sich die 150 Mann starke Besatzung der Burg mehrere Monate lang verteidigen konnte. Erst am 16. Mai 1404 kapitulierte sie nach achttägigem, hartem Kampf

Welche der Befestigungsanlagen in Slite, Lotsenberg oder Schloßberg, die Feste der Vitalienbrüder und welche die der Belagerung von 1404 war, ist nicht sicher. Alles spricht aber dafür, daß die Burg, um die sich die Kämpfe zwischen Dänen und Deutschem Orden 1404 drehten, auf dem Lotsenberg lag.

Die Spuren von Befestigungsanlagen, die man heute hier oben sehen kann, stammen aus den 1660er Jahren und stehen in Verbindung mit damaligen Plänen, Slite zu einer Stadt auszubauen und die Inselverwaltung von Visby hierher zu verlegen. Im Gegensatz zum damaligen Visby hatte Slite einen leicht zu verteidigenden und geschützten Hafen.

Aus dem Stadtausbau wurde indes nichts, statt dessen sollte nun die Befestigung des Hafens ausgebaut werden. Der Auftrag ging an den Generalquartiermeister J. A. Wärnschiöld, den bedeutendsten Festungsbaumeister der schwedischen Großmachtzeit.

Nach seinen Vorstellungen sollte die Festung nicht auf dem Lotsen errichtet werden, sondern auf dem Inselchen **Enholmen**, von wo aus man sowohl die Einfahrt als auch den Hafen schützen konnte. Hier sollte eine fünfeckige Schanze errichtet werden mit Bastionen in den Ecken und dazwischenliegenden Gräben und Mauern. Genannt wurde die Anlage "Karl-Gustaf-Schanze". 1657 begannen die Bauarbeiten, wurden aus wirtschaftlichen Gründen aber schon einige Jahre später eingestellt. Als Ersatz wurde statt dessen 1662-64 auf dem Lotsenberg eine Schanze errichtet.

Zu Beginn des 18. Jahrhunderts wurde die Verteidigungslage Gotlands wieder kritisch. Im **Großen Nordischen Krieg** (1700-21) hatten russische Truppen die schwedischen Provinzen im Baltikum besetzt. Die Ostsee war nun nicht mehr ein schwedisches Binnenmeer, sondern Gotland und das schwedische Festland wurden von Osten aus direkt bedroht. Der Landeshauptmann Anders Sparrfeldt erhielt vom König den Auftrag, schnellstmöglich Befestigungsanlagen auf der Insel zu bauen.

In Slite setzte man den Bau der Schanzen auf Enholmen nach den Plänen Wärnschiölds fort. 1710 begannen die Bauarbeiten an dem Projekt, das nun *Karlsvärd* genannt wurde. Aufgrund der politischen Begleitumstände zog sich die Arbeit an der Festung bis 1750 hin, und auch in den darauffolgenden 20 Jahren wurden ständig Umbau- und Verstärkungsarbeiten durchgeführt.

Nachdem nun fast ein ganzes Jahrhundert an der Befestigungsanlage gebaut worden war, faßte man 1788 den Beschluß, sie wieder abzureißen, da sie inzwischen als veraltet und kaum zu verteidigen galt. Die Kanonen und Kriegsmaterial wurden nach Karlskrona überführt und Karlsvärd im Sommer 1788 von schwedischen Soldaten gesprengt. Von dieser Anlage des 18. Jahrhunderts sind heute nur noch Teile der Festungswälle erhalten.

In den 1850er Jahren, im Zusammenhang mit dem sog. Krimkrieg (1853-56), wurde zum drittenmal der Bau einer Befestigungsanlage auf

Enholmen in Angriff genommen. Slite wurde bei Kriegsausbruch zum Kriegshafen erklärt und für fremde Kriegsschiffe gesperrt. Der Hafen mußte nun auch verteidigt werden können, weshalb man den Bau der beiden Batterien, die auch heute noch auf Enholmen stehen, begann.

ℹ Auskünfte über Führungen nach Enholmen erhält man im lokalen Touristenbüro in Slite bzw. im Touristenbüro in Visby.

Slites erste wirtschaftliche Blütezeit nach der Wiedervereinigung Gotlands mit Schweden 1645 trat in den 1660er Jahren ein, als der aus Holland eingewanderte Jacob Momma, später geadelter Reensterna, eine umfangreiche Handelstätigkeit mit Slite als Basis betrieb. Momma unterhielt auch eine Werft bei Länna mit holländischen Schiffsbaumeistern. Nach etwa einem Jahrzehnt setzten jedoch wirtschaftliche Schwierigkeiten Jacob Mommas großartiger Geschäftstätigkeit ein Ende. Die Werft bestand allerdings noch bis in das 19. Jahrhundert, jedoch nur in sehr viel kleinerer Form.

Die **Kalkherstellung** war seit dem 17. Jahrhundert Slites wichtigste Industrie. Das Brennen und der Vertrieb wurden damals von Handelsleuten - „Kalkpatronen" - mit dem Hof Länna als Geschäftszentrum betrieben. Diese Kalkpatrone interessierten sich gleichzeitig auch für Landwirtschaft, Fischerei, Mühlen und Werften. Das geschäftliche Rückgrad war aber das Kalkbrennen, das die höchsten Gewinne abwarf.

Die ersten Jahre des 20. Jahrhunderts, als die althergebrachte Kalkverarbeitung eingestellt wurde, waren für Slite eine Periode des Niedergangs. Erst in den 1920er Jahren änderte sich diese Entwicklung durch die in den Jahren 1917-19 errichtete Zementfabrik. Slite wurde ein Industriestandort, und die Gemeinde wuchs rasch. Heute befindet sich im Ort eine der größten Zementfabriken Europas.

Von der älteren Bebauung, die größtenteils an der Straße nach Visby (heute *Storgatan*) und nach Norden zu am Lännaweg lag, ist nicht viel erhalten geblieben. Unterhalb des Lotsenberges im Anschluß an den Hafen liegt der alte **Strandritterhof**. An der *Skolgatan* liegt das Myrstensche Anwesen mit dem Hauptgebäude, das 1802 vom Kaufmann und Kalkpatron Carl Niclas Fåhraeus errichtet worden ist. An der *Storgatan* gibt es noch einige Gebäude aus dem 19. Jahrhundert, aber von der älteren Arbeiterbesiedlung ist im zentralen Slite alles verschwunden. Einzelne ältere Arbeiterwohnstätten findet man am Lännaweg nördlich vom Hof Länna.

Gotländische Küstenformationen

Unmittelbar südlich von Slite liegen die *Sjuströmmar* (Siebenströme), die den Ablauf der Lagune Bogeviken bilden. Diese ehemalige Meeresbucht ist heute ein bedeutender Laichplatz für viele Fischarten. Wegen der Wanderung der Fische stellt der enge Ablauf einen hervorragenden Fischfangplatz dar, den man im Mittelalter dadurch erweiterte, daß man mehrere Rinnen neben dem natürlichen Ablauf aushob. Der siebte und letzte "Strom" entstand vermutlich Mitte des 16. Jahrhunderts.

Die Fischerei war unter den Gehöften der Kirchspiele Othem, Boge und Bäl aufgeteilt und streng reglementiert. Plötzen gaben den größten Fang, aber auch Barsche, Felchen und Aale wurden gefischt. Bei der Stromfischerei verwandte man große Kescher, Stromnetz genannt, die so breit waren wie die Stromfurche. Wenn die Fischschwärme kamen, wurden die Kescher gegen eine quer über den Strom liegende Stange gelehnt ins Wasser gesenkt. Und wenn die Schwärme den Kescher gefüllt hatten, wurde dieser schnell an Land gezogen.

♣ Über Angelmöglichkeiten erkundigt man sich am besten im Touristenbüro.

Gegenüber von Slite, auf der östlichen Seite der Bucht von Vägume, liegen die alten **Kalköfen von Barläst**. Die drei Öfen, zwei Lagerhallen, Verladebrücke usw. bilden ein sehr interessantes kulturgeschichtliches Milieu (Kalkbrennerei vom späten 17. Jahrhundert bis 1907).

10 km südlich von Slite, von der Straße 146, führt bei Tjälders ein Waldweg nach Westen, auf dem man nach ca. 1.500 m eine der am schönsten gelegenen und besterhaltenen **Schiffsetzungen** findet: das sog. **Grab Tjelvars** *(Tjelvars grav)*. Dieser Tjelvar war derjenige, der nach der *Guta-Sage*, einer im 13. Jahrhundert aufgezeichneten Chronik, Gotland als erster fand, nachdem es aus dem Meer aufgestiegen war. Er soll der Sage nach hier begraben liegen. Tatsächlich aber ist die Anlage der Schiffsetzung in die jüngere Bronzezeit zu datieren, wie Untersuchungen ergeben haben.

Stånga

Stångaspiele

Die Tage um das zweite Wochenende im Juni zählen die Gotländer zu ihren "Nationaltagen". Dann finden nämlich im Ort Stånga (50 km südlich von Visby) die urgotländischen Stångaspiele statt. Täglich "von acht bis acht" wettstreiten hier rund 2.000 Gotländer, sowohl in alten gotländischen Mannschaftsspielen als auch in Einzelwettkämpfen.

Das alte Ballspiel *Pärk* ist eine Art Ur-Tennis, allerdings ohne Netz und Schläger. Der große Ball wird mit der flachen Hand geschlagen oder mit dem Fuß getreten. Eine Mannschaft besteht aus sieben Spielern.

Beim "Steinzeitspiel" *Varpa* muß der Stein (in der Meisterklasse ist der "Stein" inzwischen aus Aluminium) präzisionsgeworfen werden.

Zu den Spielen gehört auch der gotländische Fünfkampf: Steinweitwurf, Stangenwerfen (gibt es auch in Schottland als "tossing the caber"), eine Art Tauziehen, Rückenwerfen und Wettlauf (gotl. *Ränn ei kämp*).

☺ Am gotländischen Fünfkampf kann man auch als Tourist teilnehmen, wenn man sich rechtzeitig anmeldet.

Tingstäde

Die Festung Tingstäde

Schon zu Beginn des 18. Jahrhunderts gab es Pläne, zur Verteidigung Gotlands eine Festung anzulegen. Die Erfahrungen aus den russischen Verheerungen Ostgotlands zwischen 1715 und 1717 und der russischen Besatzung von 1808 zeigten, daß die Insel eine eigene Verteidigung benötigte. Während des Krimkrieges von 1854-55, als die alliierten französisch-englischen Flotteneinheiten das Fårösundbecken zum Bunkern und Proviantieren nutzten, wurde recht deutlich, daß Schweden seine Neutralität im Ernstfall kaum wahren konnte. Mit dieser Frage wurde man 1885 erneut konfrontiert, als sich die Gefahr eines drohenden Großmachtkonflikts abzeichnete (☞ Fårösund).

Die Verteidigungspläne des 19. Jahrhunderts sahen in erster Linie die Verteidigung der Küste und die Sicherung der Häfen vor (☞ Slite). In den 1880er Jahren kam ein weiterer Faktor hinzu, nämlich die Notwendigkeit eines sicheren Mobilisierungsortes im Inselinneren, um Truppen für die bewegliche Verteidigung zu sammeln und auszurüsten. Nachdem verschiedene Alternativen geprüft worden waren, entschied man sich für Tingstäde. Voraussetzung war der Ausbau der Eisenbahnlinie. Im Jahre 1902 wurde das Mobilisierungslager von Visby auf der neuangelegten Eisenbahnstrecke nach Tingstäde verlegt.

Die Dringlichkeit des Festungsbaus selbst war inzwischen aus Kostengründen zugunsten eines anderen großen Verteidigungswerkes, nämlich der Festung Boden (Nordschweden), zurückgestellt worden. Die Arbeiten schritten deshalb nur langsam voran. Das Hauptfort, *Fästet*, wurde erst 1912 fertiggestellt, und die Arbeiten an den umliegenden Infanteriekasernen waren zu diesem Zeitpunkt noch kaum in Angriff genommen worden.

Mit dem Ausbruch des Ersten Weltkrieges wurden die Arbeiten beschleunigt, und am Ende des Krieges war die Festung im großen und ganzen nach den ursprünglichen Plänen von 1888 und 1892 ausgebaut. Indes, kaum war die Festung endlich fertig, da war sie auch schon aufgrund der schnellen militärtechnischen Entwicklung veraltet. Die Gefahr von Luftangriffen erzwang eine Streuung und die Rückkehr zu lokalen Mobilisierungslagern.

Die Anlagen bei Tingstäde bestanden aus Lager- und Quartiergebäuden mit Kommandantur und einer Nachrichtenstation. Diese zentralen Anlagen wurden von dem oben erwähnten Fort namens *Fästet* und vier Infanterieschanzen geschützt. Das Fort, die interessanteste Anlage, liegt auf einer Anhöhe entlang der Länsstraße 148, etwa 250 m nordöstlich der Kirche von Tingstäde.

Ein einfacher Feldweg führt von der Straße zum Eingang des Forts. Es war mit vier 8-cm-Kanonen in Panzertürmen bestückt. Für die Infanteriebesatzung des Forts gab es mit Beton ausgekleidete Schützenbänke und Maschinengewehrstellungen. Das Fort wurde von einem erstürmungssicheren Graben mit Stacheldrahtverhau geschützt. Die Quartiere, ausreichend für 300 Mann, waren in schützende Kasematten im Innern des Forts verlegt.

☺   Das Fort ist verschlossen, kann aber von außen besichtigt werden. Vom Dach aus hat man eine weite Aussicht auf die Landschaft rund um die Kirche und den Tingstäder See.

Tingstäde-See *(Tingstäde Träsk)*

Er ist der zweitgrößte Binnensee der Insel. Das Gelände rund um den See ist außerordentlich reich an vor- und frühgeschichtlichen Überresten und deutet darauf hin, daß sich hier seinerzeit ein zentrales Siedlungsgebiet befand. Auch der Name unterstreicht dies: *Tingstäde* - Gerichtsstätte. Die prächtige Kirche zeigt, daß der Ort auch noch im Mittelalter sehr bedeutend war.

Bulverket: Der Tingstäder See verbirgt die Reste einer der interessantesten Verteidigungsanlagen des Nordens - eine gewaltige Holzfestung, bestehend aus einem Quadrat von 175 m Seitenlänge und mit

einer großen, freien Wasserfläche in der Mitte. Die Anlage ist in ihrer Art einzigartig. Sie ist aus mehr oder weniger quadratischen, ca. 7 m breiten "Kisten" erbaut, die in Reihen von zwei bis vier Stück zusammengefügt wurden. Die Kisten bildeten das Fundament einer Plattform, die solchermaßen in der Breite zwischen 14 und 28 m variierte. Die Plattform, die aus längsgespaltenen Rundhölzern bestand, wurde auf das Wasser gelegt, und auf ihr wurden Holzhütten errichtet. Diese mächtige Zentralanlage war von einem Palisadenbau umgeben, der aus gut 5.000 abgeästeten Jungbäumen bestand, die man in den Schlammboden getrieben hatte.

Berechnungen ergaben, daß für die Holzkisten sowie die Plattform und deren Aufbauten etwa 10.000 Baumstämme verwendet wurden. Die gesamte Arbeit an der Holzfestung dürfte Schätzungen zufolge mehr als 100.000 Tagewerke in Anspruch genommen haben. Die Anlage wird *Bulverket* genannt. *Bular* meint im Gotländischen einen zugehauenen Pfahl und bezieht sich somit auf die Holzkonstruktion. Dieselbe Vorsilbe erscheint auch in dem Wort *bulhus*, womit ein Bauwerk in Blockbauweise, ein Blockhaus, gemeint ist.

Die archäologischen Untersuchungen am *Bulverket* erfolgten in den 1920er und 30er Jahren und konnten die Konstruktion der Anlage im einzelnen klären. Die wenigen datierten Funde, u.a. ein Gürtel mit Beschlag und Schnallen sowie Bootsreste, zeigten, daß die Verteidigungsanlage in der späten Wikingerzeit und dem frühen Mittelalter in Gebrauch war. *Bulverket* wurde dann durch ein Feuer zerstört. Ein gotländisches Sprichwort besagt, daß, wenn etwas wirklich alt ist, es älter sei als "der Brand des Tingstäder Sees". Darüber hinaus gibt es - und das ist recht verwunderlich - keine örtliche Überlieferung oder Sage über die große Holzfestung.

✽ Wenn Windstille herrscht, oder wenn im Winter der See zugefroren ist, ist die Anlage unter der Wasseroberfläche zu erkennen. Ein Modell des Bulverks sowie Fundgegenstände und Details einzelner Bauteile sind im Museum *Gotlands Fornsal* in Visby ausgestellt.

Südlich vom See liegt das frühgeschichtliche **Gräberfeld** von **Bjärs** (östlich der Straße Tingstäde-Hejnum). Es besteht aus rund 160 Steinsetzungen, viele mit Grabkugeln. Im Gräberfeld befindet sich auch eine Schiffsetzung. Das Gräberfeld wurde mehrere Jahrhunderte lang benutzt, wie Grabungen ergeben haben, die ältesten Überreste stammen aus der römischen Eisenzeit (etwa Chr. Geburt bis 400 n.Chr.).

Torsburgen

10 km südwestlich von Katthammarsvik auf der Ostseite der Insel. Von der Straße zwischen Katthammarsvik und Kräklingbo führt ein Waldweg (ausgeschildert, ca. 4 km) in südlicher Richtung zur Torsburg *(Torsburgen)*.

Ein mächtiges Felsplateau (68 m über dem Meeresspiegel) begrenzt im Westen, Norden und Osten die vielleicht **größte bekannte Fluchtburg in Nordeuropa**. Die fast kreisrunde Fluchtburganlage hat einen Durchmesser von rund 1,5 km. Ihr Alter konnte noch nicht eindeutig festgestellt werden, da alle bisherigen Untersuchungen keine Siedlungsüberreste zutage brachten. Im Süden wird sie von einer gewaltigen Kalksteinmauer, die 2 km lang, 4 bis 7 m hoch und bis zu 24 m breit ist, abgeschlossen. Man hat errechnet, daß beim Bau dieser Mauer mindestens genausoviel Steinmaterial bewegt wurde, wie beim Bau einer ägyptischen Pyramide. Die Mauer besitzt mehrere Öffnungen, die Einlaß in das Innere der Befestigungsanlage gewähren. Die größte ist die sog. *Ardre-Luke* im Süden, wo die Mauer auch am stattlichsten ist.

✸   Bei der Ardre-Luke befinden sich außerhalb der Befestigungsmauer ein Parkplatz sowie Toiletteneinrichtungen (auch für Körperbehinderte).

In der im frühen 13. Jahrhundert niedergeschriebenen *Guta-Sage* wird die Burg als Zufluchtsstätte von Inselbewohnern erwähnt, die während der Völkerwanderungszeit, als auf der Insel Überbevölkerung herrschte, per Los bestimmt wurden, Gotland zu verlassen. Als historisch wahren Kern an dieser Geschichte muß man immerhin annehmen, daß die Burg tatsächlich in den unruhigen Zeiten der Völkerwanderung als Zufluchtsort der Inselbewohner vor fremden, kriegerischen Stämmen diente. Es gilt als gesichert, daß es auf Gotland in jener Epoche des Umbruches große innere Versorgungsprobleme und u.a. daraus resultierende soziale Spannungen gab. Nicht zuletzt die Aufgabe (bzw. Zerstörung) vieler Siedlungsplätze deutet darauf hin.

Insgesamt haben Forscher bislang 60 Fluchtburgen auf Gotland festgestellt, wenn auch meist kleineren Umfanges.

Im ungewöhnlich trockenen Sommer des Jahres 1992 brach um das Plateau von Torsburgen herum einer der größten Waldbrände auf Gotland in diesem Jahrhundert aus, dem rund 20 km² Wald- und Heideflächen zum Opfer fielen.

Trullhalsar

24 km südlich von Slite führt eine Abzweigung von der Straße 146 in Richtung Hammars, nach ca. 4 km führt ein Waldweg nach Süden. Nach weiteren 1,5 km gelangt man zu dem neben Galrum interessantesten frühgeschichtlichen **Gräberfeld** der Insel. Hier befinden sich rund 340 Gräber verschiedensten Typs: **Steinsetzungen**, **Haufengräber**, **Richterringe**. Viele der Gräber sind mit Kalksteinplatten ummauert, einige haben runde Abdecksteine.

Bei Grabungen wurden zwar nur Funde aus der späteren Eisenzeit gemacht, das Gräberfeld dürfte allerdings schon früher angelegt worden sein.

Uggarderojr

12 km südöstlich von Hemse Richtung Ronehamn, ca. 500 m vor dem Ort Abzweigung nach Westen. Gotlands größtes **Steinhaufengrab** aus der Bronzezeit, rund 45 m Durchmesser und 7 bis 8 m hoch. Die flache Heidelandschaft verstärkt den imposanten Eindruck. In der unmittelbaren Umgebung liegen weitere Steinhaufengräber.

Ullviarrojr

Ca. 3 km hinter der Kirche von Tofta Waldweg von der Straße 140, rund 500 m nach Osten (ausgeschildert). Zwei große **Steinhaufengräber** und mehrere kleinere **Steinsetzungen** aus der Bronzezeit. Das größte der Gräber hat einen Durchmesser von 35 m und eine Höhe von 4 m, in der Mitte einen Krater, der vermutlich dadurch entstanden ist, daß eine (hölzerne?) Grabkammerkonstruktion zusammenstürzte.

Västergarn

30 km südlich von Visby an der Küste. Umgeben von einem ca. 1 km langen, halbkreisförmigen, zur Küste hin offenen **Wall**, der an einigen Stellen 15 m breit und 3 m hoch ist.

In direktem Anschluß liegen die **Kirche** aus dem frühen 13. Jahrhundert, eine romanische Kirchenruine und ein runder Verteidigungsturm (Kastal) aus dem 12. Jahrhundert.

Etwas nördlich dieses Geländes liegt der **Paviken**, ein kleiner, flach-gründiger See, der in frühgeschichtlicher Zeit eine Meeresbucht war und an dem später eine **Wikingersiedlung** lag. Der Wall und einige weitere inzwischen ermittelte Befestigungsanlagen in diesem Gebiet scheinen von dieser Siedlung aus, quasi als Außenposten, angelegt worden zu sein, nachdem der Buchteinlauf allmählich versandete. Das Nordende des Sees ist heute ein weitflächiges Schilfrevier, das nordöstliche und südliche Seeufer ist mit dichten Weidebüschen bewachsen.

☺   Paviken ist einer der artenreichsten **Vogelseen** der Insel; am nordwestlichen Ende steht ein Beobachtungsturm.

Vallhagar

6 km südlich von Klintehamn. Von der Straße 140 bei der Kirche von Fröjel Richtung Straße 141 abbiegen, nach rund 3 km befindet sich

Museumseisenbahn in Dalhem

unmittelbar südlich dieser Verbindungsstraße die wohl umfangreichste bisher bekannte **eisenzeitliche Siedlung** der Insel.

Bei einem internordischen Forschungsprojekt wurden von 1946 bis 1950 24 Hausfundamente untersucht. Hier befand sich vermutlich ein kleines Dorf, das in der Völkerwanderungszeit zerstört wurde - wahrscheinlich durch einen kriegerischen Überfall fremder Stämme. Nördlich und südlich der Siedlung liegen Gräberfelder, das südliche aus der frühen Eisenzeit, das nördliche aus der späten Eisenzeit und Völkerwanderungszeit. Die Häuser waren genauso konstruiert wie die übrigen auf der Insel bekannten aus jener Zeit (☞ Lojsta-Halle).

Vatlings in Fole

An der Straße zwischen Hejdeby und Bäl führt vor der Abzweigung zur Kirche von Fole ein kleiner Weg nordwärts zum **Vatlingshof**. Der am Rande eines Gehölzes gelegene Hof ist in zwei Teile geteilt, die mit den Wohnhäusern aus dem 18. bzw. 19. Jahrhundert im Süden und mit den Stall- und Wirtschaftsgebäuden im Norden auf einer Linie liegen. Auf dem östlichen Teil steht ein kleines, **mittelalterliches Steinhaus**, das für Besucher während der Sommermonate geöffnet ist. Im 18. Jahrhundert gab es hier zwei mittelalterliche Häuser. Die Fundamente des verschwundenen Hauses sollen westlich des noch existierenden liegen.

Das Vatlingshaus ist das gut erhaltene Haus eines gotländischen Bauern und Händlers, gebaut in der Mitte des 13. Jahrhundert als dreistöckiges Steingebäude mit Diele und Lager im Erdgeschoß, Versammlungsraum im Stockwerk darüber und Boden im obersten Geschoß. Zum Haus hat auch ein Wohnraum gehört, östlich des Gebäudes an der Stelle der heutigen Schmiede. Das Baumaterial besteht aus schönen, gehauenen Steinen, Eingänge und Fensteröffnungen sind rundbogig, die Decke im Vorraum des Erdgeschosses besteht aus einem Kreuzgewölbe und die Kammer sowie der oberste Boden sind mit Tonnengewölben versehen. Innen verbindet eine kleine Steintreppe die verschiedenen Stockwerke, außen gab es einen Dachbodengang und eine Treppe zum Obergeschoß. Zum Dachboden führte ein rundbogiges Aufzugstor im Giebel. Vatlings ist das besterhaltene gotländische Mittelalterhaus außerhalb Visbys (☞ Bringes Schloß und Visby: Stora Hästnäs).

✋ **Sperrgebiet für Ausländer!** Einige Gebiete um den Fårösund sind militärisches Sperrgebiet, in dem sich Ausländer ohne behördliche Erlaubnis nicht aufhalten dürfen. Information im Touristenbüro!

Die gotländischen Landkirchen

Über ganz Gotland verstreut liegen insgesamt 92 erhaltene mittelalterliche Kirchen. Hinzugerechnet werden müssen noch die vielen Kirchenruinen auf dem Land, vor allem aber diejenigen in ☞ Visby. Jemand hat einmal errechnet, daß der mittlere Abstand der Kirchen Gotlands voneinander 5 km beträgt. Man kann also bequem von einem Kirchturm zum nächsten sehen.

Die Bauwerke stammen überwiegend aus dem 12. bis 14. Jahrhundert, einige zeichnen sich durch ihre imposante Größe aus. Der baugeschichtliche Höhepunkt lag in den Jahrzehnten um 1300. Diese Kirchen sind nicht nur eine stolze Selbstdarstellung des frühen Christentums auf der Insel, deren Christianisierung ja erst relativ spät - nämlich im frühen 11. Jahrhundert - einsetzte, sondern zugleich deutlicher Ausdruck des Reichtums der Bauern und der seefahrenden Händler Gotlands in jener Zeit.

Viele Landkirchen besitzen einen mächtigen, repräsentativen **Westturm**, wie etwa Burs, Dalhem, Gothem, Öja, Rone, Stenkyrka, Stånga, Tingstäde und Vall. Hier sind deutlich Einflüsse aus dem Rheinland und Westfalen, insbesondere durch St. Patroklus in Soest, zu erkennen. Die Türme der in Küstennähe gelegenen Kirchen dienten den Seefahrern auch jahrhundertelang als Landmarken, wie etwa der 60 m hohe Turm von Rone an der Südostküste der Insel. Andere Kirchen haben dagegen nur bescheidene Türme, einfache Glockenreiter auf dem Westgiebel der entsprechenden Kirche. 19 der Landkirchen besitzen als **Ostabschluß** halbrunde, romanische Absiden, während die übrigen nach dem Vorbild der Domkirche (S:ta Maria) in Visby und von Roma Kloster gerade Chorabschlüsse besitzen.

Die meisten Landkirchen waren zunächst als **romanische Bauwerke** angelegt worden, doch in der Mitte des 13. Jahrhunderts setzte eine überaus rege Bautätigkeit ein, in deren Verlauf im Zeichen der "moderneren" **Gotik** viele Kirchen abgebrochen und neu gebaut, oder aber zumindest eines oder mehrere der wesentlichen Bauglieder wie Chor, Langhaus oder Turm umgestaltet wurden.

Diese Neubauphase ist heute an vielen Kirchen noch nachvollziehbar, denn Reste von Vorgängerbauten haben sich bei Neu- oder Umbauten an den Wänden oder bei architektonischen Details wie etwa Portalen zahlreich erhalten. So z.B. die romanischen Tier- und Pflanzenornamente an den Außenwänden der Kirchen von Vamlingbo und Bro, die plastischen Figuren an der Südwand von Grötlingbo neben dem Portal und ähnliche Fragmente an anderen Landkirchen.

Die Um- oder Neubauten führten mitunter zu merkwürdigen Proportionen der Kirchen (obwohl die meisten Landkirchen allerdings eine von Westen nach Osten abgetreppte Dachlinie zeigen). An den Westturm und das Langhaus schließt bei den betreffenden Bauten ein - im Verhältnis zum Ganzen - übergroßer Chor an, dessen Volumen nicht selten das des übrigen Baukörpers übertrifft.

Schöne Beispiele hierfür sind die Kirchen von Alskog, Fröjel, Garde, Halla, Lye und insbesondere Källunge. Bei beiden letzteren erwecken Turm und Langhaus zu dem im Verhältnis riesigen Chor den Eindruck einer Schnecke, die aus ihrem Gehäuse schaut. Daß die gotischen Chöre vielfach diese Überproportionierung besitzen, liegt daran, daß nach ihrer Errichtung der Umbau der übrigen Teile der Kirche nicht entsprechend fortgesetzt wurde.

Ab Mitte des 14. Jahrhunderts trafen auf Gotland Ereignisse ein, die zu einem wirtschaftlichen Niedergang der Insel führten (insbesondere die Pestepidemie Anfang der 1350er Jahre und der Überfall der Dänen 1361). Die Landbevölkerung konnte nicht mehr das Kapital akkumulieren, das zu Zeiten wirtschaftlichen Wohlergehens in den Kirchenbau investiert worden war.

Ohne Ausnahme sind die gotländischen Landkirchen **querschifflose Hallen**, deren Innenräume sich architektonisch lediglich nach der Deckenkonstruktion (Gewölbe, zuweilen auch Flachdecke) und der Anzahl und Ausbildung der Gewölbestützen (Säule, Pfeiler bzw. Kombination aus beiden) voneinander unterscheiden. Charakteristisch ist die zweischiffige, von einer oder zwei Säulen getragene Halle. Dieser Bautypus dominiert deutlich mit 31 Exemplaren (von 92) unter den Landkirchen. Man hat bei diesen Bauten jedoch kaum den Eindruck einer Zweiteilung des Innenraums, sondern eher den der zentralen Abstützung eines einzigen Raumes. Dieser Eindruck wird dann noch verstärkt, wenn zudem nur eine Mittelstütze vorhanden ist. Treffende Beispiele hierfür sind die Kirchen von Anga, Gammelgarn, Hamra, Stenkyrka oder Vall.

Die Landkirchen wurden mit den ökonomischen Mitteln von durchschnittlich 16 Bauernhöfen je Kirche erbaut. Die Gemeinde engagierte einen Baumeister, der dann eine Anzahl Handwerker unter sich hatte. Überdies war der Bau eine kollektive Angelegenheit, an der die Bauern der jeweiligen Gemeinde aktiv beteiligt waren. Bei der Kirche von Anga befindet sich beispielsweise an der nördlichen Mauer des Langhauses eine Wandmalerei mit Runen, die mitteilen, daß u.a. ein Bauer namens Högmund mit vier Ochsen und einer namens Liknevid mit zwei Ochsen am Bau der Kirche beteiligt waren.

Vielerorts kann man auf einzelnen Steinen noch die spezifischen Markierungszeichen der Steinmetze finden, die diese u.a. deshalb hinterließen, um bei der Bezahlung Rechenschaft über die von ihnen hergestellten Steine ablegen zu können. Die Steinmetze schufen auch Taufsteine, Grabplatten, Portalreliefs usw., die einen z.T. großartigen künstlerischen Standard aufweisen.

Überhaupt waren diese mittelalterlichen Kirchen Brennpunkte des insularen Kunstschaffens. Hier trafen die Mythenwelt der Inselbewohner und die Welt der christlichen Religion aufeinander und fanden ihren künstlerischen Ausdruck in den zahlreichen farbenprächtigen Wand- und Glasmalereien, in den Reliefs der Taufsteine und Portale, in Kruzifixen, Holzplastiken und anderen sakralen Kunstwerken. Dabei sind diese

Die Landkirche von Lojsta

Kunstwerke an und in den Kirchen größtenteils von uns unbekannten Künstlern erschaffen worden.

Lediglich zwei **Steinmetzen** sind namentlich überliefert: Hegwald und Sigraf. Beide schufen vor allem Taufsteine.

Hegwald scheint der früheste Steinmetz der Insel gewesen zu sein, der einen eigenständigen, sehr ausdrucksstarken Stil entwickelte. Dieser richtete sich gegen die strenge Klassik des reinen Reliefstils, wie er von einer Gruppe von Steinmetzen vertreten wurde, die der bedeutende Erforscher und Interpret der gotländischen Kirchenkunst, Johnny Roosval (☞ Literatur: Bücher), unter den Namen "Byzantios" und "Semi-Byzantios" zusammenfaßte.

Hegwald war um die Mitte des 12. Jahrhunderts tätig. Seinen Namenszug in lateinischen Majuskeln entdeckte Roosval auf einem Taufstein in der Kirche von Etelhem. Im Unterschied zur Signatur Sigrafs ist allerdings nicht sicher, ob es sich um den Namen des Meisters handelt oder um den des Stifters des Steines, dennoch hat sich der Name als der des Steinmetzen in der kunstgeschichtlichen Literatur etabliert.

Typisch für Hegwald ist die Verbindung altnordischer und christlicher Stoffe in romanischer Formensprache. Von seiner Kunst zeugen neun erhaltene Taufsteine in den Kirchen von Endre, Etelhem, Ganthem, Halla, När, Sjonhem, Stånga, Vänge und Viklau. Eine sehr schöne Arbeit, in der sein eigentümlicher Stil zum Ausdruck kommt, steht in der Kirche von Vänge. Sie enthält ausführliche Schilderungen der Schöpfungsgeschichte und des Sündenfalls.

Sigraf war Schüler des "Byzantios-Meisters" und wirkte zwischen 1170 und 1215. Er ist in seiner Formensprache, die mitunter orientalisch anmutet, zurückhaltender als der "derbe" Hegwald. Sein Lieblingsmotiv sind die Heiligen Drei Könige. Von ihm oder seiner Werkstatt im Süden der Insel hergestellte Taufsteine, die in der Regel aus dem südgotländischen Sandstein gehauen wurden, sind im gesamten Ostseeraum bis nach Norddeutschland abgesetzt worden. Bisher wurden 24 identifiziert, davon sechs auf Gotland.

Seinen Namen kennen wir aufgrund einer Runeninschrift auf einem Taufstein in der Kirche von Akirkeby auf der Insel Bornholm. Der gotländische Ursprung des Taufsteins steht mit großer Wahrscheinlichkeit fest und bildet den Ausgangspunkt für die Bestimmung der Werke dieses Meisters. Sigrafs Kunst kann am besten am Taufstein der Kirche von ☞ Grötlingbo studiert werden.

Außer diesen beiden namentlich bekannten Künstlern gab es einige weitere, die von Roosval nach ihrer Formensprache oder ihren Lieblingsmotiven benannt wurden. Wie etwa der erwähnte "**Byzantios-Meister**", der um 1150 tätig war und Kunstwerke in russisch-byzantinischem Stil mit dämonischen Fabelwesen und ornamentalen Pflanzenmotiven schuf. Seine Werke erinnern stark an die Reliefs orthodoxer Kirchen in Rußland. Zum Einfluß russisch-byzantinischer Kunst auf Gotland muß man wissen, daß es in jener Zeit via Gotland rege Handelsverbindungen zwischen dem Norden und dem Kiewer Reich, ja sogar zum Byzantinischen Reich gab.

Ein weiterer anonym gebliebener Steinmetz, der sog. "**Majestatis-Meister**", wirkte um 1160. Produkte seines Schaffens sind die Taufsteine von Ekeby, Gerum, Lokrume, Stenkyrka, Vall und Väskinde. Seinen Namen erhielt er, weil bei ihm das Majestatis-Domini-Motiv (Christus als Weltenrichter in der Mandorla, dem Zeichen seiner Herrschaft) deutlich im Vordergrund steht. An den Füßen seiner Steine befinden sich dämonische Ungeheuer, ähnlich denen von Hegwald, an der Cuppa (der Schale des Taufsteins) dann aber klar und scharf gemeißelte Figuren unter schablonenhaften Arkadenbögen. Die majestätisch-strenge Haltung der Figuren, sowohl im Profil als auch dem Betrachter zugewandt, ist ebenfalls der byzantinischen Formensprache verpflichtet.

Nach der ersten Hälfte des 13. Jahrhunderts entstanden nur noch bildlose Taufsteine in Kelchform mit sog. Muschelcuppa. Ein schönes Beispiel ist der Stein in der Kirche von Martebo. Man muß hier den normierenden Einfluß der Zisterzienser (☞ Roma Kloster) und anderer Orden (Dominikaner und Franziskaner) in Rechnung stellen, die sich gerade zu jener Zeit verstärkt auf der Insel etablierten.

Zu den schönsten und kunstgeschichtlich bedeutendsten Relikten mittelalterlicher gotländischer Kunst gehören zweifelsohne die **Portale** der Landkirchen. Sie reichen von einfachen, nicht figurierten und nur durch die spezifische Formgebung beeindruckenden Portalen in romanischem Stil bis hin zu den reich skulptierten und mit phantasievollen Schmuckkombinationen versehenen in gotischem Stil (☞ Beschreibungen der einzelnen Kirchen).

Hier treten vor allem drei Künstler hervor, deren Namen wiederum nicht überliefert sind und die deshalb wieder nach Formensprache und Motiven benannt wurden: "**Neoikonicus**", der um 1300 eine Reihe figürlicher Kapitellbänder schuf (z.B. in Bro, Källunge, Kräklingbo),

"**Egypticus**", der auch als Baumeister einiger der mächtigen Galerietürme auftaucht und zur Mitte des 14. Jahrhunderts tätig war. Ihm wird eine Reihe stattlicher Portale zugeschrieben (seine schönsten Portalplastiken sind wohl diejenigen von Stånga), die leicht ägyptisch anmuten, was besonders für seine Riesenfratzen (z.B. Grötlingbo) und seine plastische Darstellungsweise gilt.

Die Werkstatt oder Bauhütte des "**Egypticus-Meisters**" war die beste und sicherlich auch größte auf Gotland im 14. Jahrhundert. Ihre Werke wurden nach Vorlagen oder Mustern, wie sie in jeder Werkstatt Allgemeingut waren, geschaffen. Hierdurch erklärt sich die vielfach erstaunliche Ähnlichkeit vieler Kapitellfriese und Skulpturen aus dieser Zeit.

Genannt werden muß noch ein dritter Steinmetz mit Namen "**Fabulator**", der Ende des 13. Jahrhunderts wirkte und faszinierende, fabulierende Szenerien aus volksnahen, naiv ausgelegten biblischen Hauptmotiven schuf. Sehr schön ist sein Portal von Gammelgarn mit der Schöpfungsgeschichte von Adam bis Noah. Besonders hervorzuheben sind allerdings seine Portalreliefs von Martebo, die zu den besten hochgotischen Steinmetzarbeiten auf Gotland gehören und zudem sehr gut erhalten sind.

Als weitere Relikte bedeutenden mittelalterlichen Kunstschaffens sind in den Kirchen **Wandmalereien** von Meistern aus verschiedenen Jahrhunderten anzutreffen, die natürlich von unterschiedlicher Qualität und unterschiedlich gut erhalten sind. Diese Wandmalereien - und noch ausgeprägter die **Glasmalereien** aus dem 13. und 14. Jahrhundert - sind einzigartige Überreste mittelalterlicher nordeuropäischer Kirchenkunst. Besonders schöne Glasmalereien aus jener Zeit befinden sich in den Kirchen von Barlingbo, Burs, Dalhem, Endre, Gerum, Grötlingbo, Lau, Lojsta, Lye, Rone und Sjonhem. Prächtige mittelalterliche Wandmalereien kann man betrachten in Boge, Bro, Bunge, Dalhem, Ekeby, Endre, Eskelhem, Fide, Gerum, Gothem, Grötlingbo, Hall und Hamra. Im übrigen sei auf die nachfolgenden Beschreibungen einzelner Kirchen verwiesen.

Auf Grund umfangreicher Restaurierungsarbeiten in den Kirchen weiß man, daß die meisten Wandmalereien im 18. und 19. Jahrhundert übermalt bzw. übertüncht wurden. Nach und nach wurden viele der mittelalterlichen Wandgemälde bei eben diesen Restaurierungsarbeiten wieder zum Vorschein gebracht. Im Unterschied zu den Glasmalereien und den Zeugnissen der Bildhauerkunst sind jedoch beinahe sämtliche romanische Wandausschmückungen beim Umbau der romanischen Kirchen in gotische verlorengegangen.

Um so bedeutungsvoller sind die wenigen erhaltenen romanischen Fragmente, wie etwa diejenigen in der Kirche von Garda. Es sind (in der Bogenwölbung zwischen Turm und Langhaus) Relikte einer russisch-byzantinischen Schule, die auf der Insel im späten 12. und frühen 13. Jahrhundert stilprägend gewesen zu sein scheint. Diese Einflüsse kamen sehr wahrscheinlich über den Handel aus Novgorod, wo Kaufleute aus Gotland eine eigene Faktorei, den sog. Gotenhof, unterhielten. Überdies besaßen russische Kaufleute in Visby eine eigene Kirche.

Visby - Die Stadt der Rosen

Ein bedeutender Meister der zweiten Hälfte des 13. Jahrhunderts war der anonyme "**Michaelsmeister**", dem vor allem großflächige Kompositionen und Figurendarstellungen zugeschrieben werden. Das schönste Beispiel seiner Wanddekorationskunst ist die monumentale Seelenwägung Kaiser Heinrichs II. an der Nordwand des Langhauses in Vamlingbo.

Dieses Motiv der Seelenwägung scheint in Schweden und insbesondere auf Gotland sehr beliebt gewesen zu sein, obwohl Heinrich niemals in Schweden und schon gar nicht auf Gotland gewesen ist. Es weist auf starke religiöse Einflüsse aus Deutschland zur Zeit der Festigung des christlichen Glaubens auf Gotland hin. Noch in späterer Zeit (um 1300) wurde das Motiv in einigen Kirchen der Insel (Sanda, Hall und Väskinde) von eher unbeholfenen, provinziellen Künstlern kopiert. Sogar der "Egypticus-Meister" hat noch in der ersten Hälfte des 14. Jahrhunderts in der Kirche von Dalhem das Motiv wiederholt - die Sterbeszene allerdings fehlt.

Die Seelenwägung in Vamlingbo stammt aus der Zeit um 1260 und ist die größte und künstlerisch bedeutendste ihrer Art. Man sieht den Kaiser auf seinem Sterbebett liegen und fünf Priestern einen großen goldenen Kelch überreichen. Auf einer weiteren Szene links von dieser befindet sich Heinrich nach seinem Tod in einer Schale der Seelenwaage. Eine Reihe von Teufeln versucht, die andere Schale der Wage auf jede erdenkliche Art zu beschweren, damit das Ergebnis der Wägung der Taten des Kaisers zu seinen Ungunsten ausfallen möge. Der monumental dargestellte Erzengel Michael hält das ganze Geschehen ohne erkennbare Mühe zwischen seinen Fingerspitzen und scheint im letzten Augenblick einzugreifen, indem er denselben Kelch zur Beschwerung der Schale Heinrichs nach unten fallen läßt, den dieser auf seinem Sterbelager verschenkte.

Durch die Kirchenrestaurierungen sind weitere Werke des "Michaelsmeisters" zutage gebracht worden. In Eskelhem beispielsweise wurden für Gotland einzigartige Gewölbemalereien entdeckt, die Paradies und Kosmos verbildlichen sollen. In Hejdeby befindet sich eine Reihe von Figurenmalereien mit Engeln, Aposteln und Heiligen sowie (an der Triumphbogenwand) eine - leider beschädigte - Darstellung der Marienkrönung. Beim "Michaelsmeister" scheint es sich um einen "ganz isolierten" (B. Söderberg) sächsischen Künstler gehandelt zu haben.

In sehr vielen Kirchen stößt der Besucher auf Wandmalereien eines Künstlers, der in eigenwilliger Weise durchweg Szenen aus der Kindheit

oder Leidensgeschichte Jesu malte, die er friesartig entlang der Lang-
hauswände zusammenstellte. Es handelt sich um den **"Passionsmeister"**,
der im 15. Jahrhundert tätig war. Er hatte auch Sinn für kleine, lustige
Nebenszenen, wie etwa die in der Kirche von Linde, wo in knapper
Zeichnung schwatzende Frauen in der Kirche dargestellt werden, die,
vom Teufel abgelenkt, dem Gottesdienst nicht folgen. Über ihnen sitzt
ein weiterer Dämon und erweitert das Sündenregister. Ein Engel mit
geschwungener Keule weiß auf unkonventionelle Art die zum Gebet
zurückgekehrten Frauen vor weiteren Belästigungen des Teufels zu
schützen.

Einige kunstgeschichtliche Begriffe

Romanik: Kennzeichen sind gedrungene, massive Formen; Vor-
herrschen von Rundbögen. 11./12. Jahrhundert.

Gotik: Entwickelte sich in Westeuropa ab dem 12. Jahrhundert.
Regionale Eigenheiten und zeitliche Verschiebungen. Kennzeichen
sind starke Betonung der Vertikalen, spitzbogige Fenster und Portale.
Auf Gotland Durchbruch der gotischen Stilrichtung Mitte 13. Jahrhundert. Große Umbauperiode der Kirchen.

Die gotländischen Landkirchen bestehen durchweg aus Turm
(mitunter mächtiger Galerieturm), Langhaus (zwei- oder dreischiffige
Halle) und Chor. Der Chor liegt im Osten, zuweilen besitzt er noch
eine Apsis.

Triumphbogen: Öffnung zwischen Langhaus und Chor. Gewöhnlich
durch besondere Ornamentik abgehoben. Im Triumphbogen hängt
meist das Kruzifix.

Taufstein: Besteht aus Fuß, Cuppa (Schale), Piscina (Ablauf des
Taufwassers).

Altar: Dazu gehört oft ein Flügelaltar (mit Skulpturen) oder ein
Altaraufsatz.

Epitaph: Im Innern an einer Wand oder einem Pfeiler aufgestellte
oder aufgehängte Erinnerungstafel an einen Verstorbenen, die meist
mit ausführlicher Inschrift und/oder figürlichen Darstellungen versehen ist.

Im 16./17. Jahrhundert wird das Epitaph zu einem prunkvollen,
architektonisch gegliederten Gebilde mit reichem, plastischem
Schmuck. Die gotländischen Epitaphe stammen vorwiegend aus
diesen Jahrhunderten.

35 sehenswerte Landkirchen

Akebäck

Etwa 10 km südöstlich von Visby gelegen. Die Kirche von Akebäck ist, mit Ausnahme der Sakristei, ein durch und durch romanisches Bauwerk, an dem im großen und ganzen die Umbaumaßnahmen späterer Epochen vorübergegangen sind. Der nahezu quadratische Chor mit Apsis sowie das rechteckige Langhaus dürften in einer Etappe in der zweiten Hälfte des 12. Jahrhunderts entstanden sein, während der Turm in der Mitte des 13. Jahrhunderts errichtet wurde.

Ein Steinblock in der Einfassung des Portals zeigt ein interessantes figuratives Relief: einen liegenden Mann mit einem Hammer in der rechten Hand. Nach einer in alter Zeit niedergeschriebenen Legende soll das Relief zur Erinnerung an einen Mann geschaffen worden sein, der beim Bau der Kirche stürzte und dabei umkam. Es gibt aber auch die Vermutung, daß der Block beim Einsetzen falsch plaziert wurde und der Mann eigentlich einen stehenden Steinmetz darstellen soll.

Dem ziemlich schlichten Äußeren der Kirche entspricht ein einfacher, fast dürftiger Innenraum. Die Decke des Langhauses besteht aus einer flachen Holzdecke, während der Chor mit der Apsis und die Kammer eingewölbt sind. Im Tonnengewölbe des Chores sind drei Schalltöpfe eingemauert, die die Akustik verbessern sollten (erhöhte Resonanz). Diese Vorrichtung ist noch die ursprüngliche. Der Triumphbogen wurde im 19. Jahrhundert erweitert. Der Altaraufsatz, eine Arbeit vom Ende des 17. Jahrhunderts, hat im Mittelfeld ein Holzkruzifix aus dem 15. Jahrhundert.

Durch die westliche Mauer des Chores führt der Aufgang zu der mit einem Baldachin versehenen Kanzel. Diese entstand Ende des 17. Jahrhunderts, wurde aber erst 1743 bemalt. Das geschlossene Gestühl, dessen Türen Akanthusmalereien zeigen, ist vermutlich zu Beginn des 18. Jahrhunderts entstanden. Die mittelalterliche Taufe aus Kalkstein besitzt eine sechzehnseitige Muschelcuppa mit Diamantenstab (13. Jahrhundert). Die Sakristei an der Nordseite der Kirche wurde 1931/32 bei Restaurierungsarbeiten errichtet. Damals wurde auch ein großer Bildstein (3 m hoch), der in der Außenwand des Langhauses entdeckt worden war, zwischen der Kirche und dem alten Getreidespeicher aufgestellt.

Bro

11 km nordöstlich von Visby an der Straße 148. Die Kirche steht auf einem alten heidnischen Kultplatz. Sie war während des Mittelalters ein

vielbesuchter Wallfahrtsort, da sie ein Stück des heiligen Kreuzes besessen haben soll. Im Mauerwerk der Südfassade befindet sich ein Bildstein aus dem 5. Jahrhundert mit der Abbildung eines Schiffes.

Überhaupt ist diese Kirche eine reiche Fundquelle für die gotländische Kunstgeschichte. Ebenfalls ins Mauerwerk der Südfassade sind einige Steine mit Abbildungen von Tieren und Jagdmotiven eingelassen, die wahrscheinlich von einem Vorgängerbau des 12. Jahrhunderts herstammen und von dem Steinmetz Sigraf geschaffen wurden.

Das Portal des Langhauses mit seinen prächtigen Skulpturen ist ein schönes Beispiel gotländischer Hochgotik. Turm und Chor wurden schon im frühen 13. Jahrhundert erbaut. Im Innern befinden sich über dem Triumphbogen figurative Malereien aus dem späten 13. Jahrhundert und im Schiff und Chor weitere vom sog. "Passionsmeister". Die Wände sind zudem mit Rankenornamentik aus dem frühen 18. Jahrhundert verziert.

Überhaupt weist das Innere eine für Gotland seltene "barocke" Ausschmückung auf. Der Taufstein stammt vom Meister Sigraf (ca. 1200). Die Kirchenglocke aus dem 14. Jahrhundert besitzt eine niederdeutsche Inschrift, die auf den Charakter der Kirche als Opferkirche hinweist. (250 m südlich der Kirche befindet sich tatsächlich eine ehemalige Opferquelle). Die aus dem Jahre 1839 stammende Orgel ist eine der ältesten auf der Insel.

Insgesamt ist die Kirche von Bro eine eindrucksvolle Mischung aus romanischem und gotischem Baustil. Rund 100 m südwestlich steht ein Portal mit Treppengiebel, das in den mittelalterlichen Pfarrhof führte.

In der Nordfassade zwischen Südwestecke und Eingang befindet sich ein **Bildstein**. Der ca. 2 m hohe Stein ist ein schönes Beispiel eines Bildsteins aus der Völkerwanderungszeit, obwohl er leichte Spuren einer späteren Veränderung aufweist. Sein ursprünglicher Standort ist unbekannt. Sonnenrad und stilisiertes Schiff, eingeschlossen von Rankornamentik.

Bunge

Ganz im Norden der Insel, 2 km südwestlich von Fårösund an der Straße 148. Der festungsähnliche Kirchturm wurde zu Beginn des 13. Jahrhunderts einer kleineren Kirche angebaut, die dann im 14. Jahrhundert von dem jetzigen Chor und Langhaus ersetzt wurde. Das Südportal dieses Langhauses ist reich mit Skulpturen geschmückt. Diese stellen die Auferstehung Christi und zwei weibliche Heilige dar.

Das Langhaus, neben dem von Lärbro das größte der nordgotländischen Landkirchen, wird durch schlanke Säulen in zwei Schiffe unterteilt. Die Wände sind mit einzigartigen Sakralmalereien aus dem späten

14. Jahrhundert geschmückt: vor einem symbolisch dargestellten himmlischen Jerusalem erscheinende Apostel, St. Christopherus und andere Heilige, Christus als Schmerzensmann ("Imago pietatis") und Szenen aus der Passionsgeschichte.

Darunter wird recht expressiv ein Reiterkampf dargestellt, der zur Abbildung der Legende von der Thebanischen Legion (das Martyrium der Zehntausend) gehört. Man sieht, wie die zum Christentum bekehrten Legionäre in ein Dornengestrüpp stürzen.

Die Malereien zeigen deutlich osteuropäischen Einfluß. Man muß sich in diesem Zusammenhang daran erinnern, daß Gotland von 1398 bis 1408 - also zu der Zeit, als diese Malereien entstanden - dem Deutschen Orden gehörte).

Zu den interessantesten Teilen des Interieurs zählen eine skulptierte Armenkasse aus Kalkstein aus der Mitte des 13. Jahrhunderts, eine Holzplastik des heiligen Olaf (allerdings nur eine Kopie, das Original befindet sich in Stockholm im *Statens Historiska Museum*) und ein Taufstein aus dem 13. Jahrhundert.

Die stattliche Orgel stammt von ungefähr 1750 und war ursprünglich für die französische reformierte Kirche in Stockholm vorgesehen. Die Kirchhofmauer, die im Westen noch in voller Höhe erhalten ist, war Teil der mittelalterlichen Umwehrung der Kirche.

Dalhem

Etwa 18 km südöstlich von Visby. Eine der schönsten Landkirchen der Insel. Hier wurden Anfang dieses Jahrhunderts umfassende Restaurierungsarbeiten durchgeführt. Große Teile der Einrichtung wurden dabei erneuert und die Wände mit neuen Malereien nach mittelalterlichen Vorbildern versehen. Diese Arbeiten können als ein typisches Beispiel von Restaurierungsarbeiten mit stark historisierendem Einschlag betrachtet werden. Chor, Langhaus und Turm (mit dreiseitiger Galerie) wurden 1230 bis 1250 erbaut, der obere Teil des Turmes allerdings erst zu Beginn des 14. Jahrhunderts, als auch das Turmportal mit seinen rätselhaften Kapitellskulpturen hinzukam.

Authentische mittelalterliche Wandmalereien befinden sich nur an der südlichen und südöstlichen Wand: Seelenwägung Kaiser Heinrichs, Kreuzabnahme, Kampf Michaels mit dem Drachen (im Egypticusstil, ca. 1350). Diese Malereien dürften im Zusammenhang mit dem Turmbau entstanden sein.

Dreischiffiges Langhaus mit zwei Säulenreihen, die neun Gewölbe tragen. Die Chorfenster besitzen die ältesten bewahrten Glasmalereien Gotlands (ca. 1250), z.T. allerdings durch Imitationen komplettiert (die helleren Scheiben). An der nördlichen Wand des Chores steht ein prächtiges Gestühl aus dem 14. Jahrhundert, das später etwas umgebaut wurde. Ein Grabstein aus dem 12. Jahrhundert ist ins nördliche Portal eingelassen. Der Taufstein in der Turmkammer ist vom Muschelcuppatyp aus der Mitte des 13. Jahrhunderts.

Ekeby

15 km östlich von Visby. Mit Ausnahme des etwas älteren Turmes ist die Kirche um 1275 gebaut worden. Taufstein vom "Majestatis-Meister" (ca. 1150). Schöne Wandmalereien: Passionsdarstellung aus dem 14. Jahrhundert, darüber Apostelgestalten aus dem späten 13. Jahrhundert, Kruzifix aus dem 12. Jahrhundert. Die Ausschmückung des Kirchenraums sonst in einheitlicher "Bauernbarockmalerei", 18. Jahrhundert. Sehr schöner Grabstein von 1316 mit Lebensbaum. Auf dem Kirchhof befindet sich ein weiterer Grabstein aus derselben Zeit mit der Darstellung eines Glücksrades.

Fide

5 km nördlich von Burgsvik im Süden der Insel. Einschiffiger Bau aus dem 13. Jahrhundert. An der Nordfassade Putzritzzeichnung eines Schiffes mit Steuerruder. Die Kirche ist auch historisch interessant auf Grund der berühmten Inschrift auf dem Triumphbogen, die auf den Eroberungszug der Dänen im Jahre 1361 unter Waldemar Atterdag hinweist.

Kunstgeschichtlich bedeutend sind die Aposteldarstellungen im Chor, die zu Beginn des 15. Jahrhunderts vom sog. "Othemsmeister" geschaffen wurden. Interessant auch die Kanzel aus dem Jahre 1587, die ursprünglich in der Kirche von Grötlingbo stand.

Follingbo

7 km südöstlich von Visby. Langhaus und Turm, beide um 1200 erbaut, sind ein außergewöhnliches Beispiel romanischer Baukunst auf Gotland. Die Fassaden bestehen aus Kalksteinquadern in gleichen Schichten. Portale und Fenster sind mit scharfen Konturen in die Wände eingelassen. Die skulpturale Ausschmückung ist auf einige Ornamente am Kapitell des Südportals beschränkt. Der Chor aus dem 13. Jahrhundert nimmt wegen seiner reichen Portalausschmückung, dem ungewöhnlichen Dachfußfries und der plastisch geformten Triumphbogenöffnung eine gewisse Sonderstellung in der gotländischen Baukunst ein.

Die Altarwand ist von einem großen Maßwerkfenster durchbrochen, in dem sich Reste mittelalterlicher Glasmalereien befinden. Auch im

Südfenster befinden sich Glasmalereien, jedoch aus einer bedeutend späteren Zeit (1588). Die Sakristei entstand erst 1821.

Die Kirche hat heute keine Wandmalereien mehr. Um so reicher ist das flache Holzdach im Langhaus Ende des 17. Jahrhunderts dekoriert worden. Im Mittelfeld, das von einrahmenden Feldern mit Akanthus und Amoretten umgeben ist, werden die Dreifaltigkeit und andere heilige Gestalten dargestellt. Auf dem Altar steht ein prächtig skulptierter und bemalter Altaraufsatz aus den 1740er Jahren. Die Kanzel und das Gestühl stammen aus dem 17. Jahrhundert.

Fröjel

40 km südlich von Visby an der Straße 140 ist diese Kirche eine der schönstgelegenen Gotlands. Vom Kirchhof hat man eine herrliche Sicht über das Meer zu den Karlsinseln. In früheren Zeiten gehörte der Hafen von Fröjel zu den bedeutendsten der gotländischen Westküste, was u.a. auch den Verteidigungsturm (Kastal) aus dem 12. Jahrhundert erklärt, der jetzt als Ruine nördlich des Kirchhofes liegt. Noch älteren Datums ist die Fluchtburg auf dem Styrmansberg 300 m südöstlich der Kirche.

Fröjel ist eine sog. **Sattelkirche**, d.h. mit einem hohen, großen Chor, einem niedrigeren Langhaus und einem sich daran anschließenden Turm. Das Langhaus der Kirche aus gehauenen Quadersteinen entstand im 12. Jahrhundert, der Turm zu Beginn des folgenden. Auf der Nord- und Südseite des Langhauses sind noch die ursprünglichen Rundbogenportale erhalten. Der überdimensionale, hochwölbige Chor stammt vom Ende des 13. Jahrhunderts. Sein gotisches Portal zeigt u.a. den Drachenkampf. Sein Innenraum ist mit schönen Kalkmalereien aus der Entstehungszeit geschmückt - Fabeltiere und Rankenornamentik. Überhaupt kennzeichnet der Chor den Beginn eines nicht zu Ende geführten Gesamtumbauvorhabens.

Im Triumphbogen hängt eines der schönsten gotländischen Triumphkruzifixe mit der charakteristischen Ringscheibe. Es stammt aus dem späten 13. Jahrhundert.

Der Fuß des Taufsteines stammt vom "Byzantios-Meister", die Cuppa mit naiv geformten Tierornamenten aus dem 14. Jahrhundert. Auf dem Altar steht eine große Sandsteintafel aus dem Jahre 1634 mit dem Monogramm des dänischen Königs Christian IV. (Gotland war zu dieser Zeit noch in dänischer Hand).

Gammelgarn

4 km südwestlich von Katthammarsvik auf der Ostseite der Insel. Ein hochgotischer Bau, dessen Kapitellskulpturen am Portal der Südfassade

des Langhauses zu den bedeutendsten Monumenten gotländischer Skulpturkunst gehören, vom "Fabulator-Meister" Anfang des 14. Jahrhunderts geschaffene, expressive Darstellungen von Szenen aus dem Alten Testament: Sündenfall, Kain und Abel, Geschichte Noahs.

Chor und Langhaus wurden zu Beginn des 14. Jahrhunderts erbaut, der eigenartige Turm im Westen ist der Überrest des Langhauses einer früheren Kirche. Flügelaltar aus dem späten 14. Jahrhundert mit prächtigem Schnitzwerk (Figuren und Ornamentik). Passionsmalereien aus dem 15. Jahrhundert. Das Gestühl stammt aus dem 18. Jahrhundert.

Der zweischiffige Kirchenraum wird durch eine zierliche Säule gegliedert. In der Turmkammer, die vom eigentlichen Kirchenraum durch eine Bretterwand abgetrennt ist, kann man in den Putz eingeritzte Schiffsbilder erkennen. Zwei große Kisten erinnern daran, daß der Raum dereinst als Getreidemagazin der Kirchengemeinde genutzt wurde. Unter dem Triumphbogen der Taufstein: Fuß aus dem 13. Jahrhundert, Cuppa aus dem 14. Jahrhundert.

Im Fußboden vor der Südwand des Chores befindet sich ein **Runenstein** mit Ringkreuz. Die Ruine eines Verteidigungsturmes (Kastal) aus dem 12. Jahrhundert steht in der südwestlichen Ecke des Kirchhofes. Ein Torhaus ist ebenfalls erhalten.

Garde

8 km westlich von Ljugarn auf der Ostseite der Insel. Insgesamt ein schönes Beispiel einer mittelalterlichen gotländischen Wehrkirchenanlage. Vier erhaltene Pforten; das Portal an der Westseite ist zwei Stockwerke hoch. Auch an der Einfahrt zum Pfarrhof ist ein gewölbtes mittelalterliches Portal erhalten. Das Langhaus und der untere Teil des Turmes stammen aus der Mitte des 12. Jahrhunderts, der Chor wurde erst im 14. Jahrhundert erbaut.

Im Innern des Langhauses ein frei aufgestellter Taufstein aus dem 12. Jahrhundert ("Byzantios-Meister"), aus gleicher Zeit Triumphkruzifix und gemauerte Bänke an den Wänden. Reste von Kalkmalereien in russisch-byzantinischem Stil, vor allem im Turmbogen gut erhalten, zeugen von den weitreichenden östlichen Kontakten der Gotländer in jener Zeit.

Über eine Stiege im Turm kann man den Dachstuhl des Langhauses erreichen, wo unter dem jetzigen Dach der gesamte ursprüngliche Dachstuhl und Teile der Dachabdeckung des romanischen Vorgängerbaus erhalten sind. Die Glasmalereien des Chorfensters sind aus moderner Zeit. Kirche, Kirchhof und Pastorenhaus bilden ein eindrucksvolles kulturgeschichtliches Ambiente.

Gothem

15 km südlich von Slite auf der Ostseite der Insel. Wehrkirchenbau mit Kastal (12. Jahrhundert) und drei erhaltenen Pforten. Eine der größten Landkirchen der Insel. Mächtiger Kirchturm aus dem 14. Jahrhundert, mit 52 m einer der höchsten der gotländischen Landkirchen. Im Innern beeindrucken vor allem die Wandmalereien aus der Zeit um 1300, bei denen zeitgenössischer deutscher Einfluß festgestellt werden kann. Im Nordwesten sind Szenen aus der Kindheit und der Passion Jesu dargestellt, an der nördlichen Langhauswand ist ein Fries mit Monatsbildern zu sehen.

Um das gesamte Langhaus herum läuft eine lateinische Inschrift aus dem Johannesevangelium. Das Gewölbe ist ausgeschmückt mit Ornamentik und heraldisch stilisierten Figuren: Schlangen, Sphinxe, Ritter, Kentauren, Drachen und Löwen. Aus der Zeit nach der Reformation stammt ein großes Gemälde im nordwestlichen Innenraum: Christopherus trägt das Jesuskind, flankiert von einem Papst und Mohammed. Merkwürdig ist der zweischiffige Innenraum, der asymmetrisch gestaltet ist: Ein einschiffiger Westteil geht in einen zweischiffigen Ostteil über. Interessant ist auch das geschnitzte und bemalte Chorgestühl aus dem späten 14. Jahrhundert. Im Turm eine Glocke aus dem Jahre 1374.

Hablingbo

10 km südwestlich von Hemse. Auch diese zweischiffige Kirche wurde Mitte des 14. Jahrhunderts vom "Egypticus-Meister" geschaffen. Ungemein reich skulptierte Portale. Insbesondere das an der Nordseite des Langhauses ist sehenswert. Es gehört zu den schönsten Stücken, die in ganz Nordeuropa aus romanischer Zeit erhalten sind. Das Tympanonfeld zeigt eine ikonographisch sehr interessante Reliefdarstellung, nämlich die Geschichte von Kain und Abel. Die Löwenskulpturen weisen auf Einflüsse aus Lund hin. Das Portal ist in der zweiten Hälfte des 12. Jahrhunderts vom anonymen "Majestatis-Meister" geschaffen worden und saß ursprünglich als Hauptportal im Turm. Auch die großen gotischen Portale an der Südfassade mit ihren interessanten Reliefs sind sehr sehenswert. Sie stammen vom Anonymus "Egypticus" und gehören zu den wichtigsten Arbeiten dieser Werkstatt.

Der Innenraum ist von einer gewissen Monumentalität geprägt, die von den kräftigen, gedrungenen Säulen mit ihren schweren Kapitellen und den breiten, hohen Gewölben hervorgerufen wird. An den Wänden befinden sich Reste von Malereien aus dem 14. und 15. Jahrhundert. Das interessanteste Einrichtungsstück ist ein großer Altaraufsatz aus Sandstein von 1634.

Hall

20 km nördlich von Slite an der Nordwestküste der Insel. Zweischiffiger, schlichter Übergangsbau von der Romantik zur Gotik, ca. 1220 bis 1250. Dekorative Gewölbeornamentik im Schmiedestil und Spiralstil, vielleicht vom selben Meister wie in Anga (Halvard). Im Chor elegante Lebensbaumornamente aus der Mitte des 13. Jahrhunderts. Figurative Malereien aus dem frühen 14. Jahrhundert, u.a. Kaiser Heinrichs Seelenwägung in der Nähe der Kanzel. Über der Chortür ein aufgemaltes Epitaph, das die Jahreszahl 1603 trägt.

Hamra

6 km südlich von Burgsvik im Süden der Insel. Ursprünglich ein dreischiffiger Basilikabau, der in den jetzigen, zweischiffigen Bau teilweise eingegangen ist. Ehemalige Grundrisse und Baunähte sind noch deutlich zu erkennen. Wandmalereien des "Passionsmeisters" und einige kleinere Holzplastiken (15. Jahrhundert). Die Kirche besitzt im Innenraum durch die Mittelsäulen eine der schönsten Raumwirkungen der gotländischen Landkirchen.

Havdhem

9 km südlich von Hemse an der Straße 142. Von den Bauteilen der Kirche ist der ursprünglich apsislose Chor der älteste, aus der ersten Hälfte oder Mitte des 12. Jahrhunderts. Das später eingesetzte Portal ist ein Werk des anonymen Meisters "Calcarius" vom Beginn des 13. Jahrhunderts. Das Langhaus, gebaut um 1200, war ursprünglich niedriger und im Westen etwas kürzer. Die Mauern schließen nach oben mit einem Fries aus Rundbogen, Sägezahnleisten und profiliertem Gesims ab. Das Portal erinnert an das nördliche Langhausportal des Doms in Visby. Wann die Erhöhung erfolgte, weiß man nicht. Vielleicht geschah dies erst nach dem Brand, der die Kirche 1580 heimsuchte.

An der ursprünglichen Westwand befand sich ein Turm, dessen Erdgeschoß durch eine enge Bogenöffnung mit dem Langhaus in Verbindung stand. In der Mitte des 13. Jahrhunderts wurde er durch den jetzigen, bedeutend größeren Galerieturm ersetzt, der bis 1910 noch ein weiteres Geschoß m. Lichtöffnungen nach allen Seiten und eine hohe Spitze besaß. Er wurde abgesenkt, weil man befürchten mußte, daß der obere Teil einstürzt.

Die Apsis, die erst im nachhinein zugefügt wurde, ist rundum mit Blendarkaden wie bei der Hl. Dreifaltigkeitskirche (Drotten) in Visby geschmückt. Sie dürfte zur selben Zeit wie das Langhaus entstanden sein, d.h. um 1200. Im nördlichen Fensterwinkel bei der Kanzel sind Fragmente byzantinistisch beeinflußter Malereien erhalten.

Hejdeby

8 km östlich von Visby an der Straße 147. Die Kirche sieht, gemessen an gotländischen Verhältnissen, klein und anspruchslos aus, aber der Innenraum birgt vielerlei interessante Malereien und Inventarstücke. Sie vermitteln den Eindruck, die kleine romanische Kirche sei in ein und derselben Epoche errichtet worden. Der Chor ist jedoch am ältesten, wahrscheinlich aus den Jahren um 1200. Einige Jahrzehnte später entstand das Langhaus. Es ist ein sehr dunkler Raum mit spärlicher Lichtquelle und niedrigem Kreuzgewölbe.

Der Turm kam während des späten 13. Jahrhunderts dazu und trägt gotische Züge am Gewölbe, am Turmbogen und an den Lichtöffnungen. Wahrscheinlich sollte er ursprünglich mit Galerien geschmückt werden, worauf die dicken Mauern hindeuten.

In Lickershamn

Die Wände in Langhaus, Chor und Apsis sind mit ungewöhnlich gut erhaltenen Malereien aus dem späten 13. Jahrhundert verziert. Die Malereien wurden im 15. Jahrhundert zum Teil durch Bilder des "Passionsmeisters" ersetzt. Dieser hat jedoch die früheren Malereien weitgehend respektiert und "komplettiert". Unter den Inventarstücken befindet sich eine mittelalterliche gedrechselte Bank, eine Taufe aus der Mitte des 13. Jahrhunderts mit einem erhaltenen Deckel in Form einer Zentralkirche, ein Kruzifix aus dem 13. Jahrhundert mit Teilen einer weiteren mittelalterlichen Bank. Die Kirche besaß noch andere mittelalterliche Holzplastiken, die sich nunmehr im Museum *Gotlands Fornsal* befinden.

Källunge

17 km östlich von Visby. Kunstgeschichtlich eine der interessantesten gotländischen Landkirchen. Sie erinnert an eine Schnecke, die aus ihrem Haus herauskriecht, wie es in einer Beschreibung heißt. Mit dem Schneckenhaus ist der mächtige dreischiffige Ostteil gemeint, der der Beginn (1280) einer groß angelegten Umbauarbeit war, die nicht beendet wurde.

Langhaus und Turm erwecken eher den Eindruck einer Eingangshalle zu einer Chorkirche. Beide gehörten ursprünglich zu einer kleinen romanischen Vorgängerkirche, die mit russisch-byzantinischen Wandmalereien von ca. 1200 (ähnlich Garde) versehen war, von denen lediglich Fragmente erhalten sind. Das Südportal des Langhauses scheint ursprünglich für einen neuen Turm geplant gewesen zu sein. Das Chorportal besitzt eine reiche figurative Gestaltung. Das Innere der Kirche wird deutlich beherrscht von dem dreischiffigen, hallenartigen Ostteil mit dem weit auseinandergerückten, dreiteiligen Fenster. Wandmalereien aus verschiedenen Epochen. Der Flügelaltar ist eine Lübecker Arbeit von ca. 1500 und stand zunächst in der Visbyer Marienkirche (bis 1684). Er ist vielleicht der schönste seiner Art in einer gotländischen Landkirche. Taufstein vom "Byzantios-Meister".

Nahe der Sakristei der berühmte **Källungewimpel** (Kopie, Original im Museum *Gotlands Fornsal* in Visby), der von einem Wikingerschiff stammt und noch bis vor einigen Jahrzehnten als Wetterfahne auf dem Kirchturm diente. Bis vor wenigen Jahren lagen allenthalben um die Kirche herum noch Bauteile, die von einem fluchtartigen Verlassen der Baustelle beim dänischen Überfall der Insel 1361 zeugten.

Klinte

2 km östlich von Klintehamn. Die Kirche vermittelt auf den ersten Blick einen einheitlichen Eindruck. Es scheint, als ob sie in einer Bau phase

innerhalb kurzer Zeit errichtet worden ist. Bei näherer Begutachtung entdeckt man jedoch, daß sie in zwei Phasen entstand und daher aus zwei Teilen besteht, die sich nach Entstehungszeit und Baustil ganz erheblich voneinander unterscheiden. Am ältesten ist der untere Teil des Turmes, der in der ersten Hälfte des 13. Jahrhunderts in reinem romanischen Stil (man beachte die Fenster und die beiden Portale) erbaut worden ist, während Chor mit Sakristei und Langhaus rund 80 Jahre später entstanden. Im Zusammenhang hiermit oder etwas später wurde der Turm erhöht.

Interessant das reich verzierte Chorportal mit seinen kunstvoll gehauenen Kapitellbändern. Das Gewölbe des Chores ist mit Kalkmalereien geschmückt; im Gewölbescheitel zierliche Ornamente und figurale Szenen, entstanden um 1300. Im Ostfenster des Chores befinden sich noch einige wenige, in das reich geformte Maßwerk eingearbeitete, mittelalterliche, bemalte Scheiben. Trotz des kleinen Formats zeigen viele von diesen Scheiben Figurenmotive.

Das Triumphkruzifix stammt aus dem 15. Jahrhundert. Die übrigen Inventarstücke sowie die Einrichtung sind nachreformatorisch. Der Altaraufsatz aus Sandstein mit dem Abendmahl als zentrale Szene ist auf 1643 datiert.

Lärbro

9 km nördlich von Slite. Großartige frühgotische Anlage. Zweischiffiges Langhaus und gerade abschließender Chor, erbaut 1260 bis 1280. Mitte des 14. Jahrhunderts kam der vom "Egypticus-Meister" geschaffene achteckige und mit Galerie versehene Turm hinzu. 1522 büßte er bei einem Orkan an Höhe ein. Im Westen besitzt er ein reich skulptiertes Portal.

Der Innenraum der Kirche gehört zu den schönsten Gotlands. Chor, Langhaus und Turmraum bilden durch weite Bogenöffnungen und schlanke Säulen einen großzügigen Innenraum. Für Gotland charakteristische ornamentale Malereien im Chorgewölbe, ebenso eine Reihe großer Apostelabbildungen und eine Golgatagruppe. Über dem Sakristeiportal frühe Versuche einer Illusionskunst: an einer drachenförmigen Gewölbekonsole Kombination aus Plastik und Malerei. Wandschrein mit Eisenbeschlag aus dem späten 13. Jahrhundert, Flügelaltar von ca. 1400 (allerdings 1746 "renoviert").

Im Fußboden eingelassen zahlreiche Grabplatten aus dem Mittelalter. Das Inventar stammt überwiegend aus der Zeit nach der Reformation. Langhaus und Chor besitzen prächtig ausgeführte Portale, wobei dasjenige im Westen reich mit Skulpturen verziert ist. Unmittelbar bei der Kirche steht ein Kastal, das heute als Glockenturm genutzt wird.

Lau

22 km nordöstlich von Hemse an der gotländischen Ostküste. Diese gewaltige, dreischiffige Kirche wäre sicherlich die größte Landkirche der Insel geworden, wenn der geplante Turm tatsächlich ausgeführt worden wäre. Hauptbauphase 1230 bis 1270. Die dreischiffige Halle mit zwölf Kreuzgewölben über zwei Säulenreihen von jeweils drei Säulen besitzt einen imponierenden Raumcharakter, der durch den geräumigen, zwei-jochigen Chor noch verstärkt wird.

Auf dem großen Bogenfeld im Westen, das sicherlich als Öffnung zum Turm geplant war, befinden sich schöne Malereien, die auf das Jahr 1520 datiert werden und das Jüngste Gericht darstellen sollen. Das Nord-portal besitzt ein Adlerkapitell, das auf den Einfluß Visbys bzw. West-falens hinweist. Großes Triumphkruzifix von ca. 1250, eines der größten im Norden; Taufstein von Sigraf Ende des 12. Jahrhunderts; Flügelaltar aus dem frühen 15. Jahrhundert mit der Darstellung der Marienkrönung im Zentrum. Das Kircheninnere besitzt eine außergewöhnliche Akustik. Erwähnenswert ist auch der grau und rot bemalte, schmiedeeiserne Leuchter aus dem späten 13. Jahrhundert. Vor der nördlichen Kirchhof-mauer liegt die Ruine des mittelalterlichen Pastorats.

Lojsta

10 km nördlich von Hemse. Erste Bauphase Mitte 13. Jahrhundert, die zweite hundert Jahre später. Die größte Sehenswürdigkeit der Kirche sind die Glasmalereien auf den drei Chorfenstern aus der Mitte des 13. Jahr-hunderts. In der einschiffigen Langhaushalle schöne Wandmalereien. Die Abbildungen über dem Triumphbogen stellen Christus als Weltenrichter, umgeben von den Aposteln Paulus und Petrus, sowie den Erzengel Michael und die hl. Margaretha dar, entstanden Mitte des 14. Jahrhun-derts. Altartafeln aus dem 14. Jahrhundert (aber vor rund 100 Jahren umfassend restauriert). Die Malereien an den Wänden stammen aus dem 15./16. Jahrhundert. Die Kirche besitzt überdies einen mächtigen Gale-rieturm.

3 km in nordöstlicher Richtung (ausgeschildert: *Lojsta slott*) in Rich-tung Etelhem liegt die Lojsta-Halle, ein rekonstruiertes eisenzeitliches Sippenwohnhaus in authentischem Milieu am Lojsta-See; überdies Reste einer mittelalterlichen Wehranlage.

Lye

14 km nordöstlich von Hemse an der Straße 144. Gewölbeloses Langhaus mit niedrigem Nordportal von ungefähr 1200, daran angebaut ein Galerieturm von ca. 1240 im Westen und ein großer Chor von ca. 1330

im Osten. Am Chor reich skulptiertes Südportal aus der "Egypticus"-Werkstatt. Auf dessen Kapitellbändern abgebildet Verkündigung Marias, Maria und Elisabeth und Szenen aus der Jugend Jesu. Am Westportal des Turmes ältere Skulpturen aus der Werkstatt Sigrafs (ca. 1170). Im Chorgewölbe prächtige Wandmalereien aus der "Egypticus"-Werkstatt (Anfang 14. Jh.), u.a. ein fliegender Drache.

Im Schiff Malereien vom "Passionsmeister" (15. Jahrhundert) und von einem dänischen Meister (spätes 16. Jahrhundert). In den Chorfenstern herrliche Glasmalereien aus dem frühen 14. Jahrhundert, die vielleicht zu den schönsten und umfangreichsten einer einzelnen Kirche jener Zeit in Skandinavien zählen dürften. Flügelaltar von 1496 (auch auf der Rückseite bemalt), aus Norddeutschland stammend. Kruzifix aus derselben Zeit und derselben Werkstatt. Im Boden des Chores sind einige Grabplatten mit Runeninschrift eingelassen.

Mästerby

18 km südlich von Visby. Die Ursprünge des Bauwerkes reichen in die 1190er Jahre zurück. Der Turm stammt aus den 1240er Jahren. Die Kirche ist vor allem wegen ihrer Wandmalereien aus verschiedenen Epochen interessant. Darunter die einzigen erhaltenen Malereien aus romanischer Zeit in der Apsis einer gotländischen Landkirche. Die Malereien im Langhaus stammen wohl ursprünglich vom "Passionsmeister" (15. Jahrhundert), wurden allerdings von einem anderen Meister im 17. Jahrhundert "modernisiert". Dieser schuf auch die Malereien an Gewölbe und Wänden des Chores.

Mitte des 14. Jahrhunderts wurde die Kirche unter gotischem Stileinfluß etwas umgebaut: Das Portal des Langhauses wurde auf die Nordfassade verlegt, an seiner Stelle gotische Fenster eingebaut; dazu wurde eine Einwölbung vorgenommen. Taufstein vom "Byzantios-Meister". Triumphkruzifix aus dem frühen 13. Jahrhundert.

Martebo

20 km nordöstlich von Visby zwischen den Straßen 148 und 149. Einheitliches Bauwerk des frühen 14. Jahrhunderts (außer dem älteren Turm) mit drei prachtvollen Portalen, die ein einzigartiges Monument der hochgotischen gotländischen Steinmetzkunst darstellen. Die Kapitellskulpturen geben einen zusammenhängenden Bericht über das Leben Jesu, beginnend am Nordportal (Verkündigung, Maria und Elisabeth, Geburt), über Chorportal (Heilige Drei Könige, Kindermord, Flucht nach Ägypten) und schließend am südlichen Langhausportal (Taufe, Passionsgeschichte und Christus im Totenreich).

In einer Nische westlich des Portals steht eine Plastik des hl. Dionysus, des Schutzheiligen der Kirche, mit seinem abgeschlagenen Kopf in den Händen. Wandmalereien aus der Entstehungszeit. Taufstein aus rotem Sandstein von ca. 1250 mit Muschelcuppa. Die Kanzel aus der Mitte des 16. Jahrhunderts gehört zu den ältesten erhaltenen Gotlands. Rein romanischer Turm (er ist der älteste Teil der Anlage). In einer Kammer befindet sich ein Bildstein aus dem 6. Jahrhundert. Im Winkel zwischen Turm und Langhaus befindet sich ein kleiner Anbau, der von der Messe ausgeschlossene Kirchenbesucher aufnahm.

Norrlanda

Ca. 25 km südlich von Slite. Die Proportionen der Kirche enthüllen schon einen Teil ihrer Baugeschichte. An einen ziemlich niedrigen romanischen Turm hat man ein großes gotisches Langhaus samt Chor angefügt (☞ Hablingbo). Der Turm ist also der älteste Bauteil; er stammt aus dem frühen 13. Jahrhundert und schloß sich ursprünglich an eine kleine, romanische Kernkirche aus dem späten 12. Jahrhundert an. In der zweiten Hälfte des Jahrhunderts oder um 1300 wurde der Chor dieser Kernkirche abgebrochen und der jetzige Chor und die Sakristei wurden

Landkirchen

1 Bunge	19 Mästerby
2 Lärbro	20 Sanda
3 Hall	21 Klinte
4 Stenkyrka	22 Gammelgarn
5 Martebo	23 Garde
6 Tingstäde	24 Lau
7 Bro	25 Lye
8 Hejdeby	26 Stånga
9 Ekeby	27 Lojsta
10 Källunge	28 Frojel
11 Follingbo	29 Rone
12 Akebäck	30 Hablingbo
13 Träkumla	31 Havdhem
14 Stenkumla	32 Fide
15 Tofta	33 Öja
16 Gothem	34 Vamlingbo
17 Dalhem	35 Hamra
18 Norrlanda	

Hinweis: Die auf der Karte eingezeichneten Kirchen sind in nebenstehendem Kapitel ausführlich beschrieben.

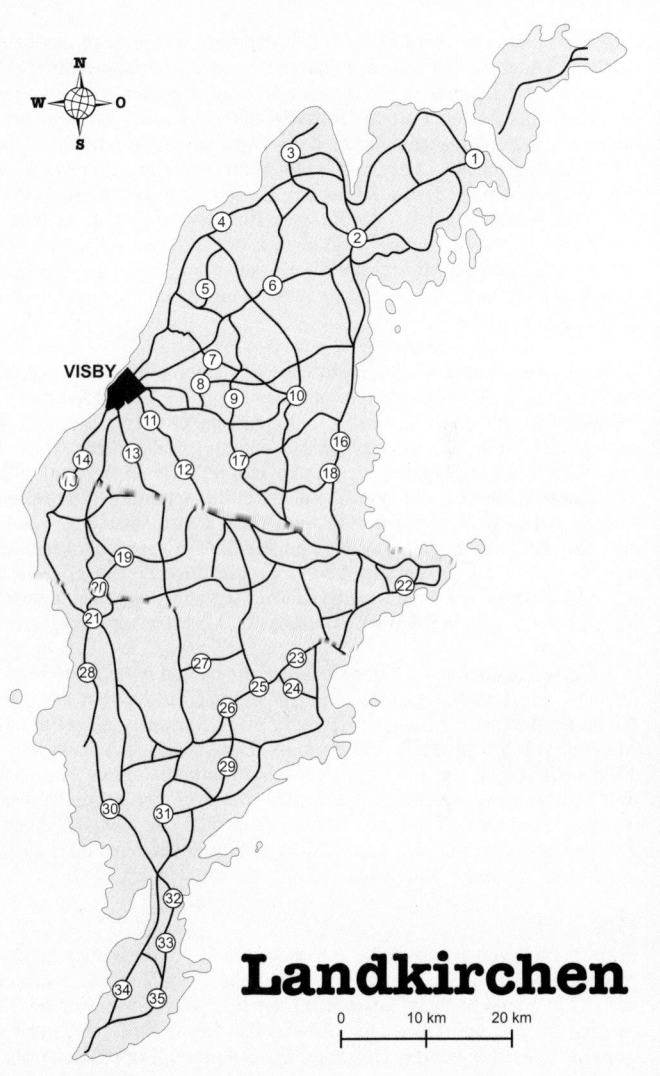

Landkirchen

0   10 km   20 km

aufgeführt. Um die Mitte des 14. Jahrhunderts wurde dann das heutige stattliche Langhaus mit seinem reich verzierten Südportal errichtet.

Das Langhausportal von Norrlanda kann man zu den sehenswertesten der vielen berühmten Portale Gotlands zählen. Es ist von dem großen Steinmetz des 14. Jahrhunderts, dem "Egypticus", geschaffen worden (☞ auch Hablingbo, Lye, Stånga). Im Wimperg erkennt man eine groß-figurige Darstellung der Auferstehung Christi. Auf den Kapitellbändern im Osten Verkündigung - Maria und Elisabeth - Christi Geburt; im Westen Hirtenverkündigung - Anbetung der Könige - Kindermord in Bethlehem. Derselbe Meister hat die Konsolen im Innern des Langhauses gehauen, zwei groteske Gesichtsmasken. Man beachte die gut erhaltene ursprüngliche Farbe.

Im Langhaus und an der Nordwand des Chores befinden sich Kalk-malereien vom "Passionsmeister" aus der Mitte des 15. Jahrhunderts. Im Langhaus der übliche Passionsfries, der eingeleitet wird mit dem Abend-mahl und der mit dem Abstieg in das Totenreich abschließt. Unter die-sem Fries sieht man ganz im Westen einige burleske Szenen, die die Fahrt der "diebischen Melkerin" in die Hölle schildern. Darstellungen solcher Art sind in der spätmittelalterlichen Kunst nicht ungewöhnlich. Auf der südlichen Langhauswand sind der hl. Georg mit Drachen sowie der hl. Martin dargestellt. Im Chor wird die Legende der hl. Katharina von Alexandria auf einem langen Fries erzählt, der von demselben Meister geschaffen worden ist, der auch die Malereien im Langhaus aus-geführt hat.

Wie der Hochaltar im Chor sind auch die beiden mittelalterlichen Sei-tenaltäre des Langhauses erhalten. Auf dem südlichen ruht die Kanzel, die einer Inschrift zufolge 1726 hergestellt worden ist, während die Malereien 1735 gestiftet worden sind. Eine Taufe aus Sandstein von 1735 steht auf einem mittelalterlichen Taufsteinfuß (spätes 12. Jahrhun-dert) mit vier skulptierten Löwenköpfen, die nach Schlangen beißen. Im Turm hängt eine der ältesten Glocken Gotlands, die wahrscheinlich um 1250 gegossen wurde. Sie wird als die größte Glocke aus dem 13. Jahr-hundert in Schweden angesehen.

Öja

2 km östlich von Burgsvik im Süden Gotlands. Interessanter Sandstein-bau aus verschiedenen Bauphasen. Der hohe Turm, im 14. Jahrhundert vom "Egypticus-Meister" erschaffen, ist seit jeher ein bekanntes Land-zeichen für die Schiffahrt. Der Chor ist der älteste Teil der Kirche. Das dreischiffige, dreijochige Langhaus im Stil einer Hallenkirche stammt

aus dem späten 13. Jahrhundert. Die Wasserspeier am Turm und das reich skulptierte Nordportal sind Werke des "Egypticus".

Im Innern der Kirche Wandmalereien aus verschiedenen Epochen. Besonders interessant die moralisierende Malerei über dem nördlichen Eingang, demjenigen für Frauen, die die Bestrafung der "diebischen Melkerinnen" darstellt. Das bedeutendste Kunstwerk ist aber zweifelsohne das einzigartige Triumphkruzifix aus dem späten 13. Jahrhundert, das vom sog. "Öja-Meister" geschaffen wurde. Es besitzt die berühmteste mittelalterliche Holzplastik Gotlands, die sog. "Öja-Madonna" (Kopie; Original im Museum *Gotlands Fornsal*).

Die andere Plastik, Johannes darstellend, stammt aus den 1940er Jahren. Altar und zwei Epitaphe kommen aus den Sandsteinwerken von Burgsvik der 1640er Jahre. Bei der Kirche stehen Ruinen eines Pfarrhofes und ein Kastal.

Roma Kloster und **Roma Kungsgård** ☞ am Ende des Kapitels.

Rone

6 km südöstlich von Hemse. Einheitlicher Bau 1250-80. Auffallend der hohe Turm, der Mitte des 14. Jahrhunderts vom "Egypticus-Meister" zu seiner jetzigen Höhe von 60 Metern umgebaut wurde. Sehr schön die figurativen Kapitellskulpturen des Turmportals: links ein Mann mit einem Fisch in der Hand, rechts zwei Personen in einem Boot. Die anderen Portale besitzen frühgotische Ornamentik und phantasievolle Konturenzeichnungen im Tympanon.

Das Innere ist sehr schön proportioniert. Zweischiffiges Langhaus mit einer schlanken Mittelsäule. Herrliche Wandmalereien, darunter Rankornamente und Passionsfries aus dem 15. Jahrhundert. Im östlichen Chorfenster Reste alter Glasmalereien. Im Triumphbogen ein Ringkreuz flankiert von Holzplastiken (Maria und Johannes darstellend).

Sanda

5 km nördlich von Klintehamn. Von einem Vorgängerbau aus dem späten 11. Jahrhundert ist wikingische Ornamentik in die Südfassade der jetzigen Kirche aus dem späten 13. Jahrhundert eingegangen. Im zweischiffigen Innenraum interessante Wandmalereien von ca. 1300, eine Abbildung des sturmbändigenden hl. Nikolaus, Schutzpatron der Seefahrer, und nahe der Kanzel Kaiser Heinrichs Seelenwägung. Im Chor Gewölbeornamentik aus der Mitte des 14. Jahrhunderts, Taufstein vom "Byzantios-Meister".

Stånga

10 km nordöstlich von Hemse an der Straße 143. Vor allem berühmt wegen ihrer Südfassade, an der sich ein prächtiges Portal mit reich skulptierten Kapitellbändern und drei in die Wand eingelassene, großfigurige Plastiken befinden. Diese stellen die Anbetung der Heiligen Drei Könige, die Geißelung Christi und die Kreuzabnahme dar und wurden, wie auch das Portal, das Langhaus und die oberen Teile des Turmes, die um 1350 vom "Egypticus-Meister" geschaffen wurden. Das Portal und die Reliefs erinnern an die Marien-Kapelle in Visby, sie scheinen für einen Neubau von weitaus größeren Dimensionen bestimmt gewesen zu sein und hier nur provisorisch Platz gefunden zu haben, wahrscheinlich im Zusammenhang mit der dänischen Eroberung der Insel 1361.

Das Gewölbe des zweischiffigen Langhauses wird von einer gewaltigen Säule getragen. Im Triumphbogen ein Kruzifix aus dem späten 13. Jahrhundert mit Ring und Fuß, der sonst gewöhnlich entfernt wurde oder als Armenbüchse Verwendung gefunden hat. Der Taufstein mit Darstellungen der Kindheit Jesu ist eines der schönsten Werke von Hegwald (Ende 12. Jahrhundert).

Stenkumla

10 km südlich von Visby. Man hat vermutet, daß der Gemeindename Stenkumla darauf hindeutet, daß es hier früh im Mittelalter eine Kirche aus Stein gab, während die Nachbargemeinde Träkumla *(trä = Holz)* zur selben Zeit nur eine Holzkirche besaß. Tatsächlich gibt es in dem jetzigen Gebäude Reste einer Kernkirche aus Stein, die im 12. Jahrhundert zustande kam.

Der heutige Galerieturm wurde im zeitlichen Anschluß an jene ältere Kirche in der ersten Hälfte des 13. Jahrhunderts gebaut, dann aber um 1300 beim Bau des jetzigen Langhauses erhöht. Der jetzige Chor dürfte um 1250 errichtet, doch ebenfalls beim Bau des Langhauses modernisiert worden sein, indem ein großes, spitzbogiges Fenster auf der Ostseite eingesetzt wurde.

Das stattliche Langhausportal mit seiner straffen Tympanonkontur und seinen reich verzierten Kapitellbändern ist auf die Zeit um 1300 zu datieren. Das beinahe quadratische Langhaus wird von vier Zeltgewölben bedeckt, die von einer schlanken Mittelsäule getragen werden, deren Kapitell mit gehauenen Diamantbändern und Palmetten verziert ist. Das Langhaus öffnet sich zur Turmkammer durch zwei Rundbögen, die von einer kräftigen Säule gestützt werden. Man beachte die Ritzungen an den Wänden der Turmkammer: Schiffe, groteske Tier- und Menschenfiguren sowie Vermessungen (Fenster).

Die Kalkmalereien an den Wänden des Langhauses sind vom "Passionsmeister" in der Mitte des 15. Jahrhunderts ausgeführt worden. An der Nordwand befindet sich der übliche Passionsfries. In beiden Chorfenstern sowie im Südfenster des Langhauses sind Reste mittelalterlicher Glasmalerei erhalten, es sind nur ornamentale Scheiben. Der Altaraufsatz aus Sandstein aus dem späten 17. Jahrhundert hat eine Auferstehungsszene als Relief im Mittelfeld.

Das Triumphkreuz, das ursprünglich für den Triumphbogen der Kernkirche gedacht gewesen war, ist das schönste Kunstwerk der Kirche. Es ist eine Arbeit vom Ende des 12. Jahrhunderts, also rund 800 Jahre alt. Man beachte, daß die Füße Christi mit Schuhen bekleidet sind. An den Kreuzenden befinden sich geschnitzte Evangelistensymbole. In der Turmkammer stehen zwei Runensteine vom Bildsteintyp, Mitte 11. Jahrhundert.

Stenkyrka

22 km nördlich von Visby. Von einem zisterziensischen Architekt konzipiert und 1255 geweiht. Gewaltiger Galerieturm von 55 m Höhe mit Galerieausbildung auf drei Seiten, der erst im späten 14. Jahrhundert fertiggestellt wurde. Zweischiffiges Langhaus mit Mittelsäule.

Bei Restaurierungsarbeiten wurde 1955 das ganze Kircheninnere mit umfassenden Wandmalereien aus verschiedenen Epochen freigelegt. Der Quaderdekor am Triumphbogen stammt aus der Entstehungszeit der Kirche, die Figurenreihen hauptsächlich aus dem späten 14. Jahrhundert. Im Turmraum Christi Himmelfahrt und Krönung Mariens vom "Gothem-Meister". Die Architekturmalerei auf der südlichen Triumphbogenwand des Langhauses dürfte für eine verschwundene St. Olafsplastik bestimmt gewesen sein.

Taufstein aus dem 12. Jahrhundert, Kruzifix aus dem 14. Jahrhundert. Interessant die Kirchenbänke aus dem frühen 17. Jahrhundert mit originellen Landschaftsabbildungen aus dem späten 18. Jahrhundert. Der Kirchturm ist einer der wenigen mit Westportal.

Tingstäde

23 km nordöstlich von Visby an der Straße 148. Die von dem gewaltigen Galerieturm beherrschte Anlage besitzt eine wechselvolle Baugeschichte vom 12. (Langhaus) bis zur Mitte des 14. Jahrhunderts (obere Turmteile). Die einzelnen Phasen kann man u.a. an den verschiedenen Portalen ablesen: vom ältesten, dem romanischen Chorportal (jetzt Eingang zur Sakristei), und dem Nordportal, über das Südportal mit seinem

Adlerkapitell bis zu dem großen Westportal des Turmes, das vom Brautportal der Marienkirche in Visby inspiriert scheint. Kapitellbänder mit
Pflanzenornamentik.

Im Turminnern Heiligenmalereien von ca. 1300 und - diese teilweise
überlagernd - Darstellung der Vertreibung der Wechsler aus dem Tempel
aus dem 18. Jahrhundert. Im zweischiffigen Langhaus Taufstein vom
"Majestatis-Meister" mit hölzernem Schwenkarm für den Deckel (Original im Museum *Gotlands Fornsal*), Triumphkruzifix; beides aus dem
frühen 14. Jahrhundert.

Tofta

15 km südwestlich von Visby. Von den verschiedenen Bauteilen der Kirche sind das vierwölbige Langhaus und der gerade abschließende Chor in
der Mitte des 14. Jahrhunderts erbaut worden. Der Turm, dessen untere
Teile in das frühe 13. Jahrhundert zurückreichen, war ursprünglich einer
kleineren Kirche beigefügt, deren Fundamente unter dem Fußboden des
jetzigen Gebäudes gefunden wurden. Jene Kirche dürfte am Ende des
12. Jahrhunderts errichtet worden sein. In der Mitte des 13. Jahrhunderts
wurde der Turm erhöht, wobei das ursprünglich niedrige Tonnengewölbe
der Turmkammer durch das jetzige Kreuzgewölbe ersetzt worden ist.

Freskofragmente am Triumphbogen aus der Mitte des 14. Jahrhunderts. Das rechte Feld stellt Golgatha dar, das linke Szenen aus der Legende um den hl. Martin. Im südlichen Langhausfenster ist ein Rest der
Glasmalereien erhalten, die einst sämtliche Fenster schmückten. Das
Motiv ist das Lamm mit der Kreuzesfahne, die Entstehungszeit ist dieselbe wie bei erwähnten Wandmalereien. Die ornamentalen Malereien im
Turm und im Turmbogen entstammen der Mitte des 13. Jahrhunderts.
Vom Ende des 12. Jahrhunderts stammt die Taufe mit ihren naiv bezau-
bernden Bildern zur Kindheitsgeschichte Jesu. Der unbekannte Meister
hat unter dem Namen "Semi-Byzantios" in die Kunstgeschichte Eingang
gefunden.

Ungefähr zur selben Zeit wurde der Grabstein an der Nordseite des
Turmbogens gefertigt, doch ist er mit den Werken eines anderen Stein-
metzen verknüpft, dem ebenfalls anonymen "Magister Majestatis". Die
Runeninschrift - eingeritzt von einem gewissen Saxe - berichtet, daß
Fridgair, Alvald und Rodaid dieses "Steingewölbe" über ihren Vater
Rodorm errichten ließen. Die Abbildungen stellen den Verstorbenen und
den hl. Bartholomäus dar.

Der Hochaltar wird durch ein Retabel aus der Mitte des 14. Jahrhunderts mit skulptierten Darstellungen des Gnadenstuhls, d.h. Gottvater mit
dem gekreuzigten Christus vor sich, und den zwölf Aposteln geschmückt.

Die Landkirche von Tingstäde 171

Er entstammt wahrscheinlich einer Werkstatt in Lübeck. Aus demselben Jahrhundert stammt der thronende St. Olaf auf dem Seitenaltar in der nordöstlichen Ecke des Langhauses sowie die Madonna in der Nische der südlichen Chorwand.

Träkumla

7 km südlich von Visby an der Straße 142. Die Kirche von Träkumla hat einen ganz ungewöhnlichen Grundriß. Im Osten ein gerade abschließender Chor und im Anschluß daran ein Langhaus, das in seinem westlichen Teil bedeutend dickere Mauern besitzt, die einen Turm tragen sollten, der aus unbekannten Gründen niemals vollendet worden ist. Seine achtkantige Haube wurde 1917 gebaut, als die Kirche nach einer langen Verfallsperiode wieder ausgebessert wurde. Der Chor ist der älteste Teil des Gebäudes, entstanden in der Mitte des 13. Jahrhunderts, während Langhaus und Turm im späten 13. Jahrhundert gebaut worden sind. An der Wand unmittelbar südlich des Triumphbogens befinden sich einige aufgemalte Szenen aus der Olafssage: König Olaf begeht Sabbatfrevel und bestraft sich selbst, indem er in seinen Händen die Späne verbrennt, die er geschnitzt hatte.

Die Malereien wurden in der Mitte des 15. Jahrhunderts vom "Passionsmeister" geschaffen. Das Retabel auf dem Hochaltar mit seinen beiden hohen, flankierenden Fialen zeigt im Mittelfeld eine geschnitzte Darstellung der Marienkrönung aus dem frühen 14. Jahrhundert. Das Triumphkruzifix dürfte im Spätmittelalter geschnitzt worden sein, scheint aber ein romanisches Kruzifix als Vorbild gehabt zu haben.

Die Taufe aus Sandstein besitzt interessante Reliefs um die achtseitige Cuppa: Kentaur im Kampf mit einem Löwen - Dornenauszieher (Symbol der Liederlichkeit) - Aspisreiter (die Sünde, die mit dem Sünder davongaloppiert) - Löwe, der ein vierfüßiges Tier anfällt - vierfüßiges Tier, das von einem Greif bedroht wird - Verkündigung Mariens - vierfüßiges Tier auf dem Rücken eines anderen Tieres - zwei Heilige an einem Doppelkreuz. Die Taufe ist von einem der großen, anonymen Steinmetzen des 12. Jahrhunderts, der die Zubenennung "Byzantios" erhalten hat, geschaffen worden.

Vamlingbo

8 km südlich von Burgsvik im Süden der Insel. Eine mächtige, dreischiffige, dreijochige Hallenkirche mit zweijochigem Chor aus der Mitte des 13. Jahrhunderts. Das torsohafte Aussehen des Turmes rührt von einem Blitzeinschlag 1817 her. In der Südfassade Reste von Byzantios-Ornamenten eines Vorgängerbaues.

Die Kirche ist wie viele im Süden der Insel aus Sandstein gebaut, besondere Architekturteile sind allerdings aus wechselfarbigem Kalkstein errichtet - im Innenraum beispielsweise Wechsel zwischen Rot und Grau an den Säulen und den Bögen, weitergeführt in farbenprächtiger Quadermalerei.

Außerordentlich schöne **Wandmalereien** im Innern. An der Nordwand eine kolossale Darstellung der Seelenwägung Kaiser Heinrichs II. mit majestätischem Erzengel auf breiten Flügeln. Dieses Gemälde ist die größte und künstlerisch wohl bedeutendste Darstellung dieses Motivs in ganz Nordeuropa. Es wurde vom sog. "Michaelsmeister", der vermutlich Mitglied einer sächsischen Glasmalerschule in Visby war, Mitte des 13. Jahrhunderts geschaffen. Für die verschiedenen Darstellungen der Seelenwägung Heinrichs in anderen gotländischen Kirchen wurde dieses Gemälde das Vorbild. Im Chor wurden bei Restaurierungsarbeiten 1961 ornamentale Gewölbemalereien und eine sechs Meter hohe Darstellung des heiligen Christopher mit dem Jesuskind vom sog. "Nikolaus-Meister" aus dem frühen 14. Jahrhundert freigelegt. Taufstein von "Byzantios"; Altar aus dem 14. Jahrhundert.

Roma Kloster

17 km südöstlich von Visby am Ende einer schönen Allee, die von der Straße 143 abzweigt (ausgeschildert), liegt das Roma Kloster Es wurde im Jahre 1164 vom **Zisterzienserkloster** Nydala in Småland aus gegründet. Die Anlage wuchs rasch zu großer Bedeutung heran, sowohl hinsichtlich der umfangreichen ökonomischen Unternehmungen der Mönche - sie beschäftigten bald Arbeitskräfte von der ganzen Insel zur Bestellung der weitläufigen Ländereien - als auch in bezug auf ihre wissenschaftliche Tätigkeit.

Trotz der einschränkenden Ordensstatuten hatten die Zisterzienser eine große Bedeutung in der Kunstgeschichte des Mittelalters und haben gerade in Schweden mannigfachen Einfluß auf die Baukunst ausgeübt. Dies vor allem im frühen 13. Jahrhundert, als der Orden eine eifrige Bautätigkeit entfaltete.

Roma Kloster hatte nicht nur auf Gotland umfangreichen Landbesitz, sondern auch im Baltikum. Die Bibliothek des Klosters besaß eine später zu Legendenbildungen anregende Größe. Leider ist von ihr nichts erhalten geblieben. Nach der Reformation und der Auflösung der kirchlichen Orden verfiel die Anlage. Zudem wurde sie, wie die Ordenskirchen in Visby auch, als bequemer Steinbruch genutzt.

Die gleich nebenan gelegene Gutsanlage von *Roma Kungsgård* ließ einer der Provinzgouverneure im 18. Jahrhundert aus Steinen der

Klosteranlage erbauen - die übernommenen gotischen Portale der Flügelbauten weisen noch deutlich darauf hin. Später wurde das ehemalige Klostergebäude sogar als Stallung benutzt, was Linné bei seiner gotländischen Reise von 1741 dazu veranlaßte, von dem schönsten Viehstall Schwedens zu sprechen.

Heute sind alle Gewölbe der Klosterkirche herabgefallen, die Mauern des Obergadens (Obergeschoß) sind oberhalb der Anfänge der Gewölbekonsolen quasi wie abgeschnitten, beide Giebel größtenteils herabgestürzt, wie auch teilweise die Außenmauern des Langhauses. Dennoch steht die jetzt denkmalgeschützte Ruine mit majestätischer Würde in der Landschaft: Der sorgsam behauene und solide zusammengesetzte Kalkstein verleiht der wie weißgrauer Marmor scheinenden Anlage eine monumentale Sicherheit .

Im Gegensatz zu den mitunter prächtig geschmückten Gemeindekirchen der Umgebung war diese Klosterkirche ohne jeglichen Schmuck gebaut worden und kam so den asketischen zisterziensischen Vorschriften nach. Ihr Grundriß ist dem der zweiten Kirche von Clairvaux in Burgund, einem der frühen Klöster des Ordens, sehr ähnlich.

Die Zisterzienser waren ja bekanntlich einer jener Reformorden, die als Protestbewegung gegen die zunehmende geistliche Verflachung und den sich enorm ausbreitenden Luxus und die Verweltlichung des religiösen Lebens entstanden. Das auf Askese, körperliche und geistige Arbeit ausgelegte Ordensleben der Zisterzienser manifestierte sich auch in der Schmucklosigkeit und formalen Strenge ihrer Bauten. In dieser Hinsicht muß die Anlage von Roma Kloster unter den anderen sakralen Bauten Gotlands als einmalig betrachtet werden.

Doch hat die Klosterkirche auf die gotländische Kunst der folgenden Zeit eine große Wirkung ausgeübt. Die Anlage entstand in einer Zeit, als der spätromanische, hier im Norden noch deutlich von heidnisch-germanischer Mythologie durchdrungene Stil vorherrschte.

Überall auf der Insel standen Kirchbauten, die mit Darstellungen von phantastischen Ungeheuern und naiv-lebhaften Nachempfindungen testamentarischer Szenen geschmückt waren, in deren Portalen auf Kapitellbändern Löwen, Drachen, arme Teufel und häßliche Chimären dem Besucher entgegengrinsten und von dem noch keineswegs entschiedenen Kampf zwischen Christentum und "Heidentum" kündeten. Überhaupt waren diese Kirchen unter dem Einfluß byzantinischer Kunst recht ornamental geschmückt.

174

Mitten in dieser noch fast heidnischen Umgebung wurde nun die größte Kirche gebaut, die man auf der Insel bis dahin gesehen hatte. Und ihre neuartigen Proportionen, ihre saubere Bauausführung und vor allem ihre mächtigen Gewölbe müssen überaus imponiert haben.

Die vielfältigen Um- und Neubauten der Landkirchen, die unter dem Zeichen der nun auch auf der Insel verstärkt einsetzenden Gotik durchgeführt wurden, lassen in der Bauausführung deutlich den Einfluß der formalen Strenge und in den Reliefgestaltungen und Wandmalereien die normativen Bibeldeutungen der Reformorden, als einer deren radikalsten Vertreter die Zisterzienser ja zu bezeichnen sind, erkennen.

Die gesamte Klosteranlage folgte dem üblichen Schema der Klöster dieses Ordens. Beherrscht wurde die Abtei von der im Norden der Anlage gelegenen Kirche, deren Ruine die einzigen Überreste des ehemaligen Klosters darstellt. Mit dem unmittelbar an die südliche Wand anschließenden Kreuzgang, dem Schlafsaal, dem Kapitelsaal und dem Schreibsaal bildete sie einen kompakten, für zisterziensische Klöster charakteristischen Block.

Die dreischiffige Kirche war knapp 50 m lang. Im Osten wurde das Langhaus durch ein Querschiff mit jeweils zwei Kapellen an der Ostwand jedes Querschiffarmes (nur die beiden des nördlichen Armes sind erhalten) und durch einen Chor mit geradem Abschluß beendet. Die beiden im Vergleich zum Hauptschiff niedrigeren Seitenschiffe besaßen wohl Tonnengewölbe, während das Mittelschiff wahrscheinlich von einem mächtigen Kreuzgewölbe bedeckt war.

Der gesamte Kirchenbau wird sehr stark demjenigen von *Fontenay* in Ostfrankreich, der besterhaltenen klassischen Zisterzienserkirche, geglichen haben. Dort kann man die Strenge der Architektur noch deutlich nachempfinden: Das Hauptschiff ist fensterlos und nur durch die Fenster der Westfassade und des Chores fällt Licht in das Kircheninnere. Der Innenraum lebt von der für das zisterziensische Lebensgefühl charakteristischen Spannung zwischen Dunklem und Hellem, zwischen der Schwere des Mauerwerks und der Leichtigkeit des Lichts. Auch dies wieder eine Manifestation der Ordensaskese, des Willens zur Einfachheit; keine Verzierungen, keine Figuren an den Kapitellen, keine schmückenden Details.

Die Ruine von Roma Kloster strahlt auf den Besucher hiervon noch viel aus. In der nördlichen Mauer des nördlichen Querschiffarmes befindet sich eine schön erhaltene rundbogige Tür ohne Ornamentierung. Dies war das Tor der Toten, "porta mortuorum". Hier trug man die verstorbenen Mönche hinaus in den Garten, wo sie mit dem Gesicht nach unten ohne Kreuz und Grabstein begraben wurden.

Die gegenüberliegende Tür des südlichen Querschiffes führte zur Sakristei und zum etwas höher gelegenen Schlafsaal der Mönche hinauf. Alle Mönche schliefen in einem großen Saal auf Strohsäcken nebeneinander. Weder am Tag noch bei Nacht sollte man allein sein, so die Ordensregel. In der Gemeinschaft konnte der einzelne besser den Versuchungen und Wünschen des Bösen widerstehen.

Im Kloster herrschte eine vollständige Öffentlichkeit, die alle Bereiche des Lebens umfaßte, deren Normen das Verhalten aller regelten und als deren Sinn die Transzendierung des Lebens angesehen wurde, die nicht selten in religiöse Ekstase mündete. Es herrschte ein normatives Nein gegenüber den Wünschen und Sehnsüchten des Körpers, die dann, sublimiert, gewaltige Energien in religiöser, wissenschaftlicher und körperlicher Arbeit freisetzten.

Unter dem Schlafsaal lagen vermutlich der Schreibsaal und der Kapitelsaal, beide unmittelbar vom Klostergang abzweigend. Im Kapitelsaal versammelte man sich zur Bibellesung. Dies war der Bereich, in dem gesprochen werden durfte. Ansonsten mußten die Zisterziensermönche schweigen - tagaus, tagein. Nur zum Singen, Beten und Beichten oder zur Verständigung über das Notwendigste des Alltags wurde das Schweigen gebrochen.

Diese Gebäudeteile der Klosteranlage sind hier in Roma nicht einmal mehr als Ruine erhalten. Lediglich die Lage der südöstlichen Ecke des Kreuzganges kann als Steinrelikt noch nachvollzogen werden. Im übrigen befindet sich hier und da noch ein Grundstein, der die Dimensionen der gesamten Anlage ahnen läßt.

Das Portal in der Westfassade, das in einen kleinen Vorraum des nördlichen Seitenschiffes führte, ist vollständig erhalten. Es diente als Vorbild für die Portalgestaltung einiger Landkirchen.

In der westlichen Ecke des südlichen Seitenschiffes befindet sich der ebenfalls erhaltene, einfach gestaltete Eingang der Laienbrüder des Ordens, also derjenigen Leute, die vom Kloster angestellt waren - Handwerker und Arbeiter in der Landwirtschaft. Sie durften sich nur im westlichen Teil des Kirchengebäudes aufhalten.

☺   Im Sommer finden in der Klosterruine **Festspiele** statt. Das aktuelle Programm erfährt man im Touristenbüro in Visby.

Roma Kungsgård

Der gleich neben der Klosterruine liegende Gutshof aus dem 18. Jahrhundert wurde aus Steinen der Klosteranlage im zeitgenössischen schwedischen Herrenhausstil erbaut. Eine Sonnenuhr im Park zwischen Gutshof und Klosterruine trägt die Initialen des Erbauers, des Provinzgouverneurs J.D. Grönhagen, und die Jahreszahl 1732. In den Flügelgebäuden stellen gotländische Kunsthandwerker ihre Erzeugnisse aus, die auch erworben werden können. Dort gibt es auch eine Cafeteria.

📖   Eine ausführliche Beschreibung aller gotländischen Landkirchen ist zu finden in: E. Lagerlöf / G. Svahnström, Die Kirchen Gotlands, C. Stein Verlag, Kiel 1991.

Kleines Glossar

Fachbegriffe

Å *(schwed.)*: Kleiner Fluß, Bach.

Alvar *(schwed.)*: Hartes Kalksteinplateau, entstanden durch wasser-durchlässiges Kalkgestein und für diese Breitengrade überdurchschnitt-liche Sonneneinstrahlung. Durch die relativ kurzen Vegetationsperioden herrscht ein weitständiger Bewuchs vor allem aus Wacholder, Krüppel-kiefern und Flechten vor.

Fiskeläge *(schwed.)* : Kleine Fischersiedlung.

Megalithkultur: Trichterbecherkultur, auch Feuerstein- oder Großgrä-berkultur genannt.

Kastal: Bei vielen Landkirchen stehen in der Nähe, meist an der Grenze des Kirchhofes, Befestigungstürme, sog. Kastale. Sie künden von der ständigen Bedrohung der Inselbewohner durch heidnische Piraten aus dem Baltikum, aber auch aus Mecklenburg und Pommern während des 12. Jahrhunderts. Heutzutage meist nur noch als mehr oder weniger prächtige Ruinen erhalten.
Schöne Beispiele in: Västergarn und Fröjel (beide Westküste), Gammelgarn und Gothem (mittlere Ostküste), Lärbro (im Norden), Öja und Sundre (im Süden). Der Turm (*Kruttorn* = Pulverturm) in der Stadt-mauer von Visby ist ebenfalls ein ehemaliges Kastal.

Klint *(schwed.)*: Ein im Schwedischen und Dänischen vorkommendes Wort. Bedeutet soviel wie steiler, felsiger Abhang; besonders in Sedi-mentgebieten.

Rauk (*Pl.* raukar; *schwed.*): Der Ursprung des Wortes ist nicht ganz klar. Es bezeichnet Felspfeiler, die von der Kraft des Meeres in Jahr-tausenden aus dem harten gotländischen Riffkalk herausgearbeitet worden sind. Nicht selten sind sie einige hundert Meter landeinwärts anzutreffen und kennzeichnen somit die früheren Küstenlinien. Ihre durchschnittliche Höhe beträgt 5 bis 6 m, einzelne sind aber auch über 10 m hoch. Man nimmt an, daß sie unmittelbarer nach der Eiszeit entstanden sind.

Richterring: In Kreisform gesetzte Steine über Gräbern, später auch Thingplätze (Gerichtsplätze), ca. 400 v.Chr. bis ca. 1000 n.Chr.

Röse *(schwed.)*: Steinhaufengrab aus der Bronzezeit.

Schiffsetzung: In Form eines Schiffsgrundrisses gesetzte große Findlinge. Begräbnisstätte aus der Bronzezeit.

Träsk *(schwed.)*: Auf Gotland (wie auch in Lappland und Nordfinnland) gebräuchliche Bezeichnung für kleinere, meist seichte, versumpfte Seen.

Trojaburg: Steinsetzung in Labyrinthform, aber als vollkommen symmetrisch gelegte Anordnung konzentrischer Steinreihen. Kultischer Hintergrund: Der kleinste Kreisbogen stellt die Sonnenbahn zur Wintersonnenwende, der größte die zur Sommersonnenwende dar. Dazwischen Tag- und Nachtgleiche. In vielen frühgeschichtlichen Kulturen, in denen die Sonne eine zentrale Rolle spielte, verbreitet. Auf Gotland sind sehr schöne Anlagen erhalten: etwa 2.000 m vor dem nördlichen Stadttor von Visby, direkt bei der Kirche von Fröjel, bei Graute an der Straße Bjärs-Hejnum, bei Bjärs nördlich Hejnum sowie unmittelbar nördlich des Folhammar-Raukarfeldes bei Ljugarn an der Ostküste.

Waräger: Bezeichung für die Wikinger des Ostseeraumes, die durch Osteuropa bis nach Konstantinopel zogen. Dort waren sie u.a. auch als Söldnertruppe beschäftigt.

Schilder am Wegesrand

Bangolf	=	Minigolf
Bygdegård	=	Heimatmuseum, Kunsthandwerk
Cykeluthyrning	=	Fahrradverleih
Gäller ej behörig trafik	=	Anlieger frei
Gäller genomfart	=	betr. Durchfahrt
Hemslöjd	=	Kunsthandwerk
Krukmakare	=	Töpfer(ei)
Livs	=	Lebensmittel
Parkeringsplats	=	Parkplatz
Prylbod	=	Kramladen
Rum	=	(Fremden-) Zimmer
Sjukhus	=	Krankenhaus
Stuga	=	Hütte, Ferienwohnung
Träslöjd	=	Kunsthandwerkliches aus Holz
Vårdcentral	=	Ärztehaus, Gesundheitszentrale

Literatur

Bücher

- Rieber, Ernst: *Gotland in Geschichte und Kunst*, Die Karawane, Ludwigsburg 1984 (4. Auflage); kein praktischer Reiseführer, eher essayistisch-belehrend gehalten.
- Bohn, Robert: *Gotland. Tausend Jahre Wirtschafts- und Kulturgeschichte im Ostseeraum*, Sigmaringen 1988.
- Lagerlöf/Svahnström: *Die Kirchen Gotlands*, Conrad Stein Verlag, Kiel 1991.
- Roosval, Johnny: *Die Kirchen Gotlands. Ein Beitrag zur mittelalterlichen Kunstgeschichte Schwedens*, Leipzig 1912; nur noch antiquarisch oder über öffentliche Bibliotheken erhältlich.
- Falck, Waldemar: *Die Stadtmauer von Visby. Eine kulturgeschichtliche Wanderung*, hrsg. v. Zentralamt für Denkmalpflege, Stockholm 1995.

Im Touristenbüro und Buchhandel in Visby kann man verschiedene Hefte in deutscher Sprache erstehen. Dies sind in der Regel Übersetzungen aus dem Schwedischen, oft in schlechtem Deutsch.

Gotlandliteratur (auch auf Deutsch) ist vor Ort am umfassendsten und preisgünstigsten im Kulturhistorischen Museum *(Gotlands Fornsal)* in Visby zu erhalten.

Artikel in Zeitschriften

Folgende Artikel zu Gotland und Fårö sind in der Zeitschrift Nordis, Ausgabe 3/96, erschienen:

- Fårö: Eine schwedische Filmlandschaft.
- Oase in der Ostsee: Baltic Centre. *(Kurzer Artikel über das Autoren- und Übersetzerzentrum in Visby).*
- Zwischen Internet und Landwirtschaft. Alltag auf Gotland.

Karten

- **Touristenkarte Gotland**, Esselte, 1:150.000, mit Nebenkarten und einem Stadtplan von Visby.
- **Cykel & Turistkarta Gotland**, Esselte, 1:100.000.
- Amtl. **Blå Kartan .56 Södra Gotland**, 1:100.000, mit Höhenlinien, tourist. Hinweisen.
- Amtl. **Blå Kartan .56 Norra Gotland**, 1:100.000, mit Höhenlinien, tourist. Hinweisen.

- RV, **Euro Regionalkarte Schweden**, BL 4, 1:300.000, Stockholm - Siljansee, Nebenkarte Insel Gotland mit Höhenlinien, Campingplätzen, Hotels, Autofähren, Grenzen; viersprachige Legende.

Index

REISE ☞ HANDBÜCHER

SÜDSCHWEDEN
REISE ☞ HANDBUCH

Südschweden ist in den letzten Jahren immer mehr zu einem **Urlaubsmagneten** für Mitteleuropäer geworden, egal ob sie das Abenteuer Wildnis suchen, auf den Spuren der kulturell-historischen Entwicklung Skandinaviens wandeln möchten oder umgeben von malerischer Landschaft fernab von Streß und Hektik ein paar sportlich-aktive oder ein paar ruhige Tage verleben wollen, ohne dabei auf einen gewissen Komfort zu verzichten.

Heiko Sachtleben, der Südschweden sowohl aus der Sicht des Individualreisenden als auch des Organisators von Gruppenreisen kennt, und **Nicola Boll** sprechen mit diesem Buch vor allem **aktive Urlauber** an, die das Land zu Fuß, per Rad oder mit dem Kanu erkunden möchten.

DM 29,80

ISBN 3-89392-078-1

Conrad Stein ⊕ Verlag
Eichkoppelweg 51, 24119 Kronshagen
☎ 0431/5458888 FAX 5458800 e-mail: SteinVerlag@t-online.de
http://home.t-online.de/home/SteinVerlag

... überall im Buchhandel

Malawi / Hülsböhmer	DM 24,80
Mauritius / Ellis	DM 26,80
Mexikos Süden, Belize & Guatemala / Fründt & Muxfeldt	DM 36,80
Namibia & Botswana / G. & H. Lamping	DM 29,80
Nicaragua / Schmidt (IV/97)	DM 24,80
Neuseeland-Handbuch / Stein	DM 36,80
Ontario mit Montréal und Québec / Stein	DM 29,80
Osterinsel / Hellmich	DM 22,00
Phuket & Ko Samui / Bolik & Jantawat-Bolik	DM 29,80
Polen / K. & A. Micklitza	DM 26,80
Reisen mit dem Hund / Treß	DM 22,00
Rocky Mountains Nationalparks / Patton	DM 39,80
Rumänien / Müller	DM 26,80
Schottland / Ferner	DM 29,80
Schweiz / Kürschner	DM 36,80
Senegal / Mang (edition schwarzweiß)	DM 14,80
Sibirien / Zöllner	DM 36,80
Slowakei / K. & A. Micklitza	DM 26,80
Spitzbergen-Handbuch / Umbreit	DM 39,80
Sri Lanka / Müller-Wöbcke	DM 26,80
Sudan / Benjak & Enders (edition schwarzweiß)	DM 16,80
Südafrika / G. Lamping (II/97)	DM 29,80
Südschweden mit Öland / Sachtleben, Boll	DM 29,80
Syrien / Schönmann	DM 36,80
Tansania & Sansibar / Dippelreither	DM 36,80
Tausend Tips für Trotter, Tramper, Traveller	DM 22,00
Teneriffa / Reifenberger	DM 29,80
Thailand / Bolik & Jantawat-Bolik	DM 29,80
Touren in Schlesien / K. & A. Micklitza	DM 24,80
Tschechien - Tschechische Republik /K. & A. Micklitza	DM 29,80
Uganda / Lübbert	DM 29,80
USA - Nordwesten / Richter	DM 29,80
USA - Südwesten / Richter	DM 39,80
Venezuela auf eigene Faust / Travelot	DM 26,80
Vereinigte Arabische Emirate / Röhl	DM 22,00
Zentralasien / Schönmann (II/98)	DM 36,80
Zimbabwe / Zuchan	DM 26,80
Zwischen Sydney und Melbourne / Hamm & Abenath	DM 26,80

Informationen aus erster Hand

... überall im Buchhandel

OutdoorHandbücher
- Basiswissen für Draußen -

Band		DM	Band		DM
1	Rafting	12,80	16	Sex Vorbereitung · Technik · Varianten	12,80
2	Mountainbiking	12,80	20	Wüsten-Survival	14,80
3	Knoten	12,80	21	Angeln	14,80
4	Karte & Kompaß	12,80	22	Leben in der Wildnis	14,80
5	Eßbare Wildpflanzen	12,80	24	Ratgeber rund ums Wohnmobil	14,80
6	Skiwandern	12,80	25	Wale beobachten	14,80
7	Wildniswandern	12,80	30	Spuren & Fährten	14,80
8	Kochen	12,80	31	Canyoning	14,80
9	Bergwandern	12,80	34	Radwandern	14,80
10	Solo im Kanu	12,80	35	Mushing - Hundeschlittenfahren	14,80
11	Kanuwandern	14,80	36	Gesund unterwegs	12,80
12	Fotografieren	12,80	39	Erste Hilfe	14,80
13	Wetter	12,80	45	Solotrekking	14,80
14	Allein im Wald - Survival für Kinder	12,80	48	Für Frauen (IV/97)	14,80
15	Wandern mit Kind zu Fuß · per Rad · mit Kanu	12,80	58	Fahrtensegeln (III/97)	14,80

- Der Weg ist das Ziel -

Band		DM	Band		DM
17	Sarek (Schweden)	19,80	43	Schottland: Whisky Trail - Speyside Way	14,80
18	Kungsleden (Schweden)	19,80			
19	Kanada: Yukon	22,80	44	Tansania: Kilimanjaro (IV/97)	22,00
23	Jakobsweg (Spanien)	24,80	49	USA: Grand Canyon Trails (III/97)	22,00
26	West Highland Way (Schottland)	22,00	50	Kanada: Banff & Yoho Nationalpark Tageswanderungen	22,00
27	John Muir Trail (USA)	22,00			
28	Landmannalaugar (Island)	22,00	51	Tasmanien: Overland Track (IV/ 97)	22,00
29	West Coast Trail (Kanada)	22,00	52	Neuseeland: Fiordland-Wanderungen (IV/97)	22,00
32	Radtouren in Masuren (Polen)	24,80			
33	Trans-Alatau (GUS)	22,00	53	Irland: Shannon-Erne (II/98)	22,00
37	Kanada: Bowron Lakes	22,00	54	Südafrika: Drakensberge (III/97)	22,00
38	Polen: Kanutouren in Masuren	24,80	55	Spanien: Trans-Pyrenäen GR11 (I/98)	22,00
40	Trans-Korsika - GR 20	22,00			
41	Norwegen: Hardangervidda ('98)	22,00	56	Polen: Drawa (II/98)	22,00
42	Nepal: Annapurna	22,00	57	Kanada: Great Divide Trails (II/98)	22,00
			59	Kanada: Wood Buffalo NP (II98)	22,00

- Fernwehschmöker -

Band		DM	Band		DM
46	Blockhüttentagebuch (III/97)	24,80	47	Floßfahrt nach Alaska (III/97)	24,80

☺ *Weitere Bände in Vorbereitung. Fordern Sie unseren aktuellen Verlagsprospekt an.*

OUTDOOR ☞ HANDBÜCHER